/ 100 位

为新中国成立作出突出贡献的英雄模范人物 /

贺 英

马秀琴/编著

吉林出版集团 | 吉林文史出版社

图书在版编目（CIP）数据

贺英 / 马秀琴编著. -- 长春：吉林文史出版社，
2011.4（2024.5重印）
（100位为新中国成立作出突出贡献的英雄模范人物）
ISBN 978-7-5472-0562-4

Ⅰ．①贺… Ⅱ．①马… Ⅲ．①贺英（1886～1933）—
生平事迹 Ⅳ．①K825.2

中国版本图书馆CIP数据核字(2011)第050787号

贺　英

HEYING

编著/ 马秀琴
选题策划/ 王尔立　责任编辑/ 王尔立
装帧设计/ 韩璘
出版发行/ 吉林文史出版社
地址/ 长春市福祉大路5788号　邮编/ 130118
电话/ 0431-81629363　传真/ 0431-86037589
印刷/ 天津海德伟业印务有限公司
版次/ 2011年4月第1版 2024年5月第7次印刷
开本/ 640mm×920mm　1/16
印张/ 9　字数/ 100千
书号/ ISBN 978-7-5472-0562-4
定价/ 29.80元

《100位为新中国成立作出突出贡献的英雄模范人物》丛书

★★★★★

编 委 会

主　任　　张自强　高　磊

副主任　　王东炎　徐　潜　张　克　王尔立

编　委　　郭家宁　尚金州　龚自德　张菲洲

　　　　　张宇雷　褚当阳　丁龙嘉　孙硕夫

　　　　　李良明　闫勋才

100位

为新中国成立作出突出贡献的英雄模范人物

八女投江	于化虎	小叶丹	马本斋	马立训	方志敏
毛泽民	毛泽覃	王尔琢	王尽美	王克勤	王若飞
邓 萍	邓中夏	邓恩铭	韦拔群	冯 平	卢德铭
叶 挺	叶成焕	左 权	诺尔曼·白求恩		任常伦
关向应	刘老庄连	刘伯坚	刘志丹	刘胡兰	吉鸿昌
向警予	寻淮洲	戎冠秀	朱 瑞	江上青	江竹筠
许继慎	阮啸仙	何叔衡	佟麟阁	吴运铎	吴焕先
张太雷	张自忠	张学良	张思德	旷继勋	李 白
李 林	李大钊	李公朴	李兆麟	李硕勋	杨 殷
杨子荣	杨开慧	杨虎城	杨靖宇	杨闇公	萧楚女
苏兆征	邹韬奋	陈延年	陈树湘	陈嘉庚	陈潭秋
冼星海	周文雍、陈铁军夫妇		周逸群	明德英	林祥谦
罗亦农	罗忠毅	罗炳辉	郑律成	恽代英	段德昌
贺 英	赵一曼	赵世炎	赵尚志	赵博生	赵登禹
闻一多	埃德加·斯诺	夏明翰	格里戈里·库里申科		
狼牙山五壮士	聂 耳	郭俊卿	钱壮飞	黄公略	
彭 湃	彭雪枫	董存瑞	董振堂	谢子长	鲁 迅
蔡和森	戴安澜	瞿秋白			

前 言

　　每个人的心中都多少有一点英雄情结，都向往英雄、景仰英雄。也正因此，在中华人民共和国建国六十周年之际，由中央十一部委联合组织开展的"100位为新中国成立作出突出贡献的英雄模范人物和100位新中国成立以来感动中国人物"的评选活动中，群众参与投票总数近一亿。这其中的每一张选票，都表达了人们对英雄模范的崇敬之情，寄托着对伟大祖国的美好祝福。

　　一个民族不能没有英雄，否则这个民族就不会强大。当国家危难之时，懦弱者选择了逃避、妥协甚至投降，英雄们却挺身而出，用热血捍卫民族的尊严，人民的幸福。在创立和建设新中国的伟大历程中，涌现出无数可歌可泣的英雄模范人物。他们之中，有为了民族独立和人民解放而英勇牺牲的革命先烈，有为了党和人民的事业而不懈奋斗的优秀共产党员，有在全民族抗战中顽强奋战、为国捐躯的爱国将士，有英勇杀敌的战斗英雄和革命群众，有积极从事进步活动的著名民主爱国人士和国际友人……他们是民族的脊梁、祖国的骄傲，是激励全体人民团结奋斗的精神力量。

　　《100位为新中国成立作出突出贡献的英雄模范人物传记》丛书，就像一部星光璀璨的英雄谱，真实、完整地记录了英雄模范人物不平凡的一生，再现了他们非凡的人格魅力和精神世界。"头颅可断腹可剖"的铁血将军杨靖宇，"毫不利己，专门利人"的白求恩，"抗战军人之魂"张自忠，"砍头不要紧"的夏明翰，"俯首甘为孺子牛"的文化斗士鲁迅……一串串闪光的名字，一个个动人的故事，犹如群星闪烁，光耀中华。

　　如今，战火已熄，硝烟已散，英雄已逝，我们沐浴在和平的幸福之中。在和平年代，人们不会忘记为今日的和平浴血奋战的英雄们，英雄的故事永远不会结束。让我们用英雄的故事唤醒我们心中的激情，为中华民族的伟大复兴而奋斗。

生平简介

贺英（1886—1933），女，汉族，湖南桑植县人。1906年，贺英和丈夫组建起一支专与恶势力抗衡的地方武装。1916年，她支持贺龙杀死盘剥农民的桑植县大豪绅朱海珊，赶走贪赃枉法的知县陈慕功。1922年，丈夫被杀害后，她接过丈夫手中的枪，率领地方群众武装，抗官府，杀豪绅，打土匪，救穷人，开始了更加顽强的斗争。1928年春，贺龙、周逸群等受中共中央指派到湘鄂西组织群众暴动，开展武装斗争，开辟革命根据地。贺英得信后，即刻将群众武装一千多人的队伍交给贺龙、周逸群等，从此，她参加了工农革命军的行列，并参加了桑植起义，为建立湘鄂西革命根据地作出了重要贡献。同年10月，工农革命军在石门受挫，贺龙率部退到桑鹤边界休整，处境十分艰难。她自己几次负伤，但仍多方筹措，亲自带游击队，给工农革命军送棉花、棉布、银元和子弹。1929年10月，红军在庄耳坪战斗失利，她率游击队去战地作善后工作。1930年春，贺龙率红军主力东下洪湖，贺英率游击队留在湘鄂边根据地，配合红军主力，坚持游击战争。1932年反"围剿"后，国民党军和地方武装四面包围根据地，贺英率部苦苦坚持。1933年5月5日深夜，因叛徒告密，游击队驻地被包围，战斗中，贺英中弹壮烈牺牲。

1886-1933

[HEYING]

◀ 贺 英

目录 MULU

情系红军 / 049

贺英一边在山中坚持同反动势力作战，一边关注着红军的消息，多次派人出去打探贺龙队伍的消息。贺龙兵败，率队伍回来后，她倾尽全力支持。

41-42岁

保护革命家属 / 053

当工农革命战斗失利，部队遭受了严重损失时，工农革命军家属的人身安全也受到威胁。这时，贺英率领部下退据住在长坪的妹妹贺月姑家，掩护眷属子女。当敌人"围剿"长坪时，她又带着眷属子女转移，使眷属子女未遭残害。

42岁

雪中送炭 / 064

1928年，贺龙率领的红四军在泥沙兵败，国民党乘机加紧对红四军的"围剿"。贺龙的队伍在堰垭陷入了困境。在这生死攸关的时刻，贺英及时赶到，为红军送来救援物质。

42-44岁

智斗假"红军" / 071

一伙自称"共产军"的武装，通过贺英，要投奔贺龙的队伍，但他们在村庄里强取豪夺，使百姓深受其害。贺英奉命与他们周旋，最后用计除掉了头领，协助贺龙收编了这支武装。

44岁

深明大义 / 087

红军独立团的团长贺炳南是贺英的族兄，与当地的团防勾结，做了不少坏事，在红军中影响非常不好，贺龙了解情况后，要处置他。贺炳南求贺英替他说情，贺英不仅没有替他讲情，还把他训斥了一顿。最后，贺龙把贺炳南做了降职处分。

44岁

湘西好女儿贺英（代序）

  提起贺龙，开国元勋，十大元帅，声名显赫，真是无人不知，无人不晓。殊不知，贺龙还有一个威震湘西的英雄姐姐贺英。

  贺英，出身贫苦，作为长姐，泼辣能干，爱憎分明。对旧社会里的旧制度、旧习俗深恶痛绝。自小就拒绝裹脚，她要用一双大脚为自己踏出一条坚实的人生之路。

  贺英毫不掩饰自己的感情，她爱上了表哥，就勇敢地表白，并如愿和也喜欢她的表哥结成伉俪，收获了自己美满的爱情。丈夫谷虎被害后，她终身没有再嫁，而是全身心地投入到了革命斗争当中。

  在国民党疯狂围剿革命武装时，她的家人、亲戚一个接一个地遭到反动派的残害时，她把眼泪咽到肚子里，继续同反动派进行斗争。反动派妄图拔掉这个眼中钉、肉中刺，以数倍于她的兵力围困她，她带着队伍，跑到深山里，不敢点火做饭，一个月也吃不上一次盐，如此恶劣处境也丝毫没有动摇她的革命意志。

  因为革命的需要，她一直没能如愿入党，但她的队伍却是共产党领导的，她的队伍是为穷人打仗的，她的心是向着共产党的。在红军失利的情况下，她坚持在桑植大山中同敌人周旋，得以保护苏区，为红军守护着得以进退的根据地。当国民党反动派把屠刀伸向革命群众时，她把革命家属及大量伤员藏到大山中，最后，在叛徒告密、遭遇敌人突袭时，她为了掩护革命家属及伤员顺利转移，不幸中弹壮烈牺牲。

周逸群这样高度地评价她："真不愧为当代女中豪杰！据我所知，我们中国目前有很多能干的女同志参加革命，但当游击队的司令员，指挥一个师的兵力作战，香大姐还是首屈一指！"

香大姐，这是当时当地百姓对贺英最亲切的称呼，不管老的小的，都是那么敬爱她，甚至把她当做神女一样供奉着。他们认为香大姐是上天派来拯救他们的。

贺英牺牲后，人们把她安放在青山澧水之间，在她的墓碑前种满了火红的杜鹃花，来寄托他们对贺英的不尽哀思。

少女时光

（1886—1906）

→ 武将之后

★★★★★

湖南省西部，有个桑植县，位于川、鄂、黔三省边境，地处澧水之源，四周高山大岭，溪水缭绕，风景秀美。这里一年四季气候宜人，盛产茶叶、天麻，山高皇帝远，若在太平盛世，必是一个人人向往的世外桃源。

19 世纪末期，清政府腐败无能，西方列强趁机打开中国大门，妄图把中国变成他们的又一个殖民地，而封建官僚地主也加紧对百姓的剥削压迫。中华民族处在风雨飘摇之中。

在桑植县内有个叫洪家关的小村子，这是住着贺、谷两大姓，贺姓家族出了一个了不起的女英雄，那就是贺英！贺英老家原在湖北安陆府贺家湾，明朝洪武年间，贺家始祖贺贵在府中任武职，后调动到慈利九溪卫出任卫中武官。清朝中期，贺家迁居桑植澧水河边洪家关。

贺英的父亲贺士道是洪家关的一户普通贫农。

1886年农历四月十四日，贺家大女儿贺英出生了，贺士道给孩子起名叫贺民英，小名叫香姑。这时候的贺家，仅有四块不足五亩的薄田，每年打的粮食都不够吃，贺士道为了贴补家用，只好于农闲时节，给人缝制衣裳，当地人又叫他"贺裁缝"。母亲王五妹（又名王金姑），湖北鹤峰王家河人，是个勤劳俭朴的土家妇女。贺英兄弟姊妹七人，她居长，下有四个妹妹，两个弟弟。长弟贺文常（贺龙），次弟贺文掌，次妹贺午姑、贺满姑等。随着弟弟、妹妹一个接一个出世，母亲多病，香姑便过早地挑起了家庭的重担，六七岁时就帮助父母做家务，下地干活，照顾年幼的弟妹。

这样的家庭环境，促使她从小就帮助父母排忧解难，养成了勤劳勇敢、开朗倔强的性格。贺英十二三岁就当家，很早就展露了她的智慧和才能。

她在姊妹兄弟中威信很高，谁若互相打闹，惹是生非，只要有人说一声"我告诉大姐去"！大家立即停止活动，鸦雀无声了。

贺士道外出帮人做衣服，香姑带着大弟贺龙一人背一个小背篓去阴子山背煤。他们把煤背到镇子上的饭铺里换米带回家，一路上香姑非常照顾弟弟。香姑还带弟弟去马腹寨割过草。贺龙长大一点就自己上山去割草，乡亲们说马腹寨的草都让常伢（贺龙小名文常）割完了。有时贺龙饿得实在不行了，就跑到隔壁堂嫂家找口饭吃。香姑追着弟弟在后面喊"常伢快回家，嫂嫂家的饭也不多了"。贺龙便很听话地放下刚刚端起的饭碗转身回家了。这种情况下香姑心里很难过，会比平时更辛苦地出门找活儿，给家人挣口饭吃。

因为家境贫困，香姑没有上学，香姑也渴望读书识字，可她很懂事，从不向父母提起，她心里很清楚，家里穷，吃饭都吃不饱，哪有钱让她去读书。她家隔壁邻居，是一位清朝的老秀才，老秀才时常教自己的小孙子读书识字，她有空就过

△ 贺英出生地洪家关

去偷偷跟着学，她认得的字就是在那时候学
会的。洪家关是一个英雄的集镇。从明清以
来，农民为反抗封建统治的残酷压迫，组织
"哥老会"，团结一些敢作敢为的好汉，共同
对付贪官污吏。贺英的曾祖父贺廷璧就是豪
杰之一。贺家虽是贫寒之家，但一直沿袭练
武的家风。贺士道在院子里平整出一块空地，
一有空闲就研习武术。大人们耍刀习武，香
姑和大弟文常也经常参加，同族的子弟也有
许多好练武的，他们经常在一起切磋、学习。
香姑从小就耳濡目染，跟着大人们习学武艺，
得到了一些真传，练就了一身好功夫。

➔ 一双大脚板

★★★★★

（7—17 岁）

清王朝虽已日暮西山、苟延残喘了，但
旧习俗在民间是根深蒂固的，女孩子到了一

定的年纪要裹脚。当时的人们并不把裹脚看做是对妇女的残害，而把它当做一种女人所应该具备的美德来看待。

裹脚对于一个女孩子来说是很痛苦的事情，要把脚用白布裹成粽子形，几个月下不了地，一碰着地，那弯曲变形的脚就钻心地疼，走起路来就会摇摇摆摆、颤颤悠悠的。在封建道学家们的眼中，这就是所谓的女性美。

香姑到了7岁上，就要按照旧俗裹脚了。可她死活不让裹。

族内的婶娘们便责备香姑妈妈："你看你家香姑，哪像一个女孩家？像男人一样光着一双大脚板，跑来跑去的，也不怕别人笑话！"这话被香姑听到了，她毫不客气地指着那些小脚女人说道："你们包成二指宽的尖尖脚，走路扭来扭去的，小心别让风吹跑了！"那些婶娘很生气，便找上门了，告了香姑一状，她们说："养女不教，一双大脚板，净给族里人丢脸，一天到晚，疯疯癫癫，成什么样子？"

贺士道夫妇听后，只是叹气，他们了解女儿的脾气，硬来肯定不行。他们只好耐心地劝香姑："香姑，女孩大了，都要包脚的，你看看村里哪个女孩没包脚？你不包脚，人家会笑话你的。"

贺英虽然年纪不大，可说起话来毫不含糊："有什么可笑的！一个人活在世上，不在脚板大小，要看路走得正不正。我们是穷苦人家，把个脚包得尖尖的，怎么下田做活？"

父母见她说得在理，也就不再逼着她包脚了。时间长了，村里的人也见怪不怪了，那些婆娘们看见香姑跑来跑去，也没有人再说三道四了。

香姑小小年纪，就敢于反抗旧习俗，不屈服压迫，和弟弟贺龙一样有着过人的胆识。

贺英长到十六七岁时，挖地积肥，踩田除草，样样农活都是一把好手。她孝敬父母，尊敬长辈，处事果断，为人和气，洪家关上无人不夸她是个好姑娘。

贺龙后来多次谈到他的大姐贺英，说："我姐姐从小主持家中大小事，她是穷人家的长女，

△ 贺龙故居

练成了能干的本领。她长得高高的，大手大脚，很壮实，像现在的女子篮球队的队员。她心很细，善于思考，很有主见，处事也很果断，会武术。"

→ 缔结良缘

★★★★★

（18-20岁）

俗话说：女大十八变，越变越好看。贺英转眼长成大姑娘了。因为贺英勤劳能干，孝顺父母，人又长得好看，很多小伙子都相中了她，托媒人上门提亲，可贺英一个都没看上。

有一天，贺英一个人到山上砍柴。砍完柴后，她还想摘些野果，带给弟妹吃。贺英边走边摘，不知不觉，就走到山林深处去了。就在她收拾好野果，准备往回走的时候，忽然听见身后林子深处传来"咔嚓咔嚓"的声响，她警觉地回了一下头，只见枝叶摇颤，深蒿倒劈，贺英见状不好，刚要躲开，可已经来不及了，只见一声大吼，跳出一只斑斓猛虎来！老虎看见贺英，张开血盆大口扑过来，贺英顿时吓出一身冷汗，她纵身一跃，双手攀住头顶上一棵大树伸出来的树杈。就在十分危急时刻，只听得一声枪响，正击中老虎的脑门儿，老虎嚎叫着，垂死挣扎了几下就不动了。贺英看见一个青年汉子手提一把猎枪飞奔过来。惊魂未定的贺英，这才定了神，她从树杈上跳下来，两人四目相对，贺英不由得惊喜万分，原来这个勇敢的打虎青年，竟是她的表哥谷绩廷！

贺英上前，高兴地喊了一声："表哥！"

要不是表哥及时赶到，她恐怕就没命了。

谷绩廷告诉她，他本来是到山上打野猪的，没打到野猪，便往回返，没想到碰到了老虎。

两人正说着话，贺龙满头大汗地奔过来。因为贺英迟迟未归，父母便打发贺龙来山上找寻。但是只看见捆好的柴，却不见了姐姐的踪影，他急坏了，满山里找。贺龙看到眼前的一幕，他什么都明白了，他连声感谢谷大哥。

谷绩廷家住在杜家山村，离洪家关不远，谷家和贺家是世代的姻亲关系，谷绩廷也算是贺英家的亲戚，她从小就认识这个表哥，对这个表哥印象很好。

自从被谷绩廷救下之后，贺英对谷绩廷更产生了爱慕之心，她给他缝了一个非常漂亮的花荷包，而谷绩廷也很喜欢这个表妹，每到洪家关，总是给贺英捎去一些东西，一来二去两人越来越分不开了。两家老人也都看出了他俩的心思，就张罗着一个好日子给他们订了亲。

1906 年，贺英满 20 岁了，她和谷绩廷成了亲。结婚之后，小两口你尊我敬，十分恩爱。

桑植斗争

(1906—1926)

→ 组建地方武装

（20—30 岁）

谷绩廷又叫谷虎，是湘西江湖上的名人，是当地哥老会的"龙头大爷"。谷绩廷身材高大，练就一身好武艺，为人性格豪爽，行侠仗义，颇好交游，是条响当当的汉子。谷绩廷也是穷苦人出身，他仇视官府，同情穷人，在这一带颇有声望。湘鄂川黔的崇山峻岭、街镇码头，到处都有他的朋友。

哥老会，又名天地会等。明朝亡国，清贵入关后，一些人不甘于受满人的统治，就打出了反清复明的旗号。而哥老会就是郑成功以金台山为策源基地筹组的民间秘密组织，帮会的宗旨就是反清复明。后来，清朝被推翻后，这个帮会就失去了反清意义，但这个民间组织依然存在，在那个外敌分割中华、官府欺压百姓、恶霸鱼肉乡里的黑暗时代，哥老会更多地转为逼上梁山的绿林组织。而谷绩廷所在的桑植哥老会，就是当地穷苦百姓为了抵御官霸欺压的秘密互助团体。

贺英嫁到谷家后，积极支持丈夫的行动，凡是丈夫的朋友来访，她都好酒好饭，热情款待。因此，夫妻俩可算是情投意合。贺英不久也成了帮会的一员。

桑植哥老会以洪家关谷绩廷、贺英和樵子湾邓仁山、谷德桃两对夫妇为代表，他们以哥老会组织、团结各方力量，进行反对地方封建势力的斗争。

谷绩廷组织了一个马帮，就是赶着骡子贩运货物，这在北方叫"赶脚"。湘西地处大山之中，交通十分不便，许多地方的生活日用品，全靠人扛马驮。尤其缺少食盐。而那山里产的天麻、茶叶等，也全靠这马帮运到各地。谷绩廷经常带马帮外出贩运货物。

山下农民受官府豪绅、地痞流氓欺负，就上山来找贺英。贺英平时和乡亲们相处得很好，乡亲们都亲切地称她为"香大姐"。贺英只要听说不平之事，她从不推托，把乡亲们的事当成自己的事，同那些恶霸、地痞进行斗争。

一次，村里的一对孤苦的母女，欠了地主老财的租子还不起，地主老财就硬要人家女儿做小妾来抵租。母女俩哭哭啼啼去找香大姐，贺英一听，十分气愤，她带着几个人，亲自去找老财算账，贺英告诉老财她是那个女孩的干妈，她可以替女孩做主。老财欺软怕硬，有贺英担保，只好答应那母女俩的租子可以延期。

贺英在那一带老百姓中威信很高，而当地的反动势力却对她又恨又怕。

贺英每年都和谷绩廷发展组织成员，壮大自己的力量。

贺龙来看姐姐了，贺英看着弟弟长得高大壮实，又比先前高了很多，很高兴。

这个比她整整小 10 岁的弟弟，在弟妹中属

△ 湖南桑植的大山

他最让她操心。小时候最淘气，胆子又大，爱打不平，衣服撕破是常有的事，贺英也不知道为他缝了多少条口子，每次给贺龙缝衣服，贺龙就光着上身和姐姐淘气，有一次害得贺英把手扎了，贺龙赶紧跑过来，给姐姐吮手指，直到大姐说不疼了他才松口。贺英清楚记得，有一次，贺龙失足落进了湍急的河里，把她吓坏了，她沿着河流和家人一起拼命去找，嗓子喊哑了，胳膊也划出了血口子，后来被村民发现给救了上来，贺龙看见大姐哇地哭了，贺英把弟弟抱在怀里也哭了。贺龙在家里最听大姐的话。

贺英先问了问爸爸妈妈的身体情况。其他人也围了过来，有认识的便同贺龙打招呼，也有不认识的，贺英便作了介绍。

有个叫李三宝的，是杀猪的出身，拍着贺龙的肩膀说："常常（贺龙小名），入咱们这个码头吧？"

贺龙笑道："当这袍哥有啥好处？"

李三宝说："好处可多了，首先是走遍天下，天下袍哥是一家。"

听到"天下"二字，贺龙眼珠一转说："袍哥能打天下吗？"

李三宝说:"当然啦,不信问你姐夫,袍哥是郑成功发起的,反清复明,就是打天下的。"

贺龙又问:"袍哥是为穷人办事嘛?"

李三宝笑道:"你这孩子,怎么这么刨根问底?你看看,你姐夫、你姐姐,我们大家不都是穷人嘛。"

贺龙一想,对呀,我姐夫我姐都是穷人哪!这下子他可高兴了。

贺龙想参加哥老会,就去找姐姐姐夫商量。

谷绩廷听了,就对贺英说:"我看就让常常参加吧,对他有好处。"

贺英寻思着弟弟大了,也该让他出来闯荡闯荡,跟着谷绩廷做做马帮生意,加入袍哥,走到哪里也好有个照应,就点头同意了。

没几天,贺龙在姐姐姐夫的安排下,跟随谷绩廷、李三宝等一行外出赶马帮去了。

贺龙的此次出行,开阔了眼界,了解了外面的形势。弥漫在中华大地的革命气息深深地感染了他。

→ 助杀恶霸

1916 年，袁世凯这个窃国大盗，要登基当皇帝了。袁世凯要逆历史的潮流恢复帝制，这激起了全国上下进步人士的强烈抗议，南方革命军人在原云南都督蔡锷的领导下率先举起反袁大旗，成立了护国军，起兵讨袁。各地的革命人士也群起响应。

袁世凯要登基当皇帝的消息像长了翅膀一样飞到了桑植县。此时的桑埴县县长就是当地的恶霸朱海珊。

朱海珊靠钻营行贿当上清朝的秀才。他经常出入衙门，包揽词讼，倚仗官势，为非作歹。凡新县官上任，要先拜访他，县太爷请客，他必居上座。他养着一群保镖打手，在当地欺男霸女，侵吞别人的财产，简直无法无天。老百姓怕他，不敢直呼其名，称他为"海老爷"。他家的打手常吹乎着说："咱们海老爷一跺脚，全桑植县的地都摇晃，咱们海老爷吐一口唾沫，说淹死谁就淹死谁。"

几个月前，朱海珊在湘督汤芗铭那里，花了大把银子买了桑植县县长的官。

朱海珊一上任，就变着法地捞钱。他要借袁世凯登基的消息，趁机狠狠捞一笔。

很快，朱海珊贴出了告示：所有交通要道，都设关卡、盐局。凡过往客商，一律要为袁大总统登基交"贡礼"钱。有敢反抗的，朱海珊就把人抓去，一顿毒打，关进大牢。罪名是反对收"贡礼"钱，反贡钱就是反袁大总统，反袁大总统就是要造反。当地百姓敢怒不敢言，不少人家被逼得家破人亡。

朱海珊不仅在各要道设立关卡乱收费，还印了许多大红喜报，说是要祝贺袁大总统登基，每家每户要交 5 元喜钱。老百姓穷得都揭不开锅，哪来的喜钱？

可谁不交钱，朱海珊就把谁抓进大牢，一顿皮鞭，还要罚三个月苦役。

俗话说：官逼民反，民不得不反。

贺龙随着马帮在外面转了一圈，对外面的形势也了解了不少，他非常向往参加革命，像蔡锷将军一样举起讨袁大旗，同倒行逆施的袁世凯作斗争，同压迫穷人的恶霸豪绅作斗争，同一切反动势力进行斗争。

回到家后，贺龙把一路上的见闻都讲给大姐听。贺英感觉弟弟一下子成熟了很多，身体更壮实了，说话时眼睛发亮，身上好像蕴藏了无限的能量。

△ 蔡锷将军

贺龙在回来的路上就听说朱海珊逼迫老百姓交"贡礼"钱，他和伙伴们对朱海珊的所作所为非常愤恨。

一天，贺龙和几个人正在商量事情，贺英一掀门帘进来了。贺英很受大家尊敬，见她进了屋，都亲热地喊大姐。她笑着问他们："你们在屋子里叽叽咕咕半天了，在商量什么呢? 说出来我听听。"

贺龙说："我们要进衙门砍朱海珊的脑袋，然后投奔蔡将军。"

贺英一听，马上正色道："就你们赤手空拳的，去了也是白送死，简直是胡闹! "

大家听了吃了一惊，这可不像大姐说出的话。

贺龙急了，说："大姐，你这是怎么了? 你不是一向恨朱海珊那群狗官吗？"

贺英说："朱海珊那群混蛋，我恨不得一口一口把他们咬死，一刀一刀把他们剁烂，可咱们不能赤手空拳地跟他们干哪。他手下保镖打手成群，还有一队洋枪兵。如果这样鲁莽前去，肯定会吃亏的。"

这下大家明白了，不由得佩服大姐沉着冷静，有胆有谋。

贺龙说："大姐，那怎么办？"

贺英说："不怕恶狗凶，就怕无锁链。朱海珊有刀有枪，我们赤手空拳怎么能行？"

但已到了腊月，快过年了，很多老百姓连年夜饭都吃不上，哪里拿得出什么"喜钱"？

大家望着贺英，只见她微微一笑，在他们中间坐下来，用手拢拢头发，继续说道："咱们要和朱海珊这样的恶霸斗，就要了解这个坏蛋。兵书说：'知己知彼，百战不殆。'朱海珊这个恶人，就是想在老百姓头上作威作福，他心里头只想着升官发财，特别怕死，最害怕敢于造反的老百姓。他现在想借送'喜报'来搜刮民脂民膏，咱们何不将计就计？"

贺龙还没等贺英说完，就着急地插上一句："大姐，快说，快说，有什么好招对付朱海珊这个狗官？"

贺英笑着看了贺龙一眼："看把你急的。"贺英说到这里，把声音压低，做着手势，说出了她的计策。

大家一听，不由得拍手叫绝。

按照贺英的安排，贺龙和伙伴们兴致勃勃地走出房间，分别往各条路走去。

很快，一村传一村，一家传一家，朋友传朋友，亲戚传亲戚，贺英的计策得到了老百姓的响应。大家都知道了对付衙门的办法。原来

△ 贺龙

接到衙门送来的"喜报"，人们像躲瘟神一样东躲西藏，现在有了对付的办法，个个眉开眼笑，企盼着约定的时刻找朱海珊算账。

约定的日子到了，那一天正好是赶场的日子。虽是下雪天，天气很冷，赶场的人却比往常多了很多。有的背背篓，有的提袋子，有的空着两手，左看看右看看，街上到处都是人。贺英、贺龙夹在人群中间，带着民众朝衙门方向走去。队伍越来越庞大，每一个人手里都拿着喜报，不一会儿，人流中就发出一个洪亮的声音："袁大总统登基了，给衙门送喜报去啊！"

人们听见这一声喊，都把手中的"喜报"高高扬起来，举向空中，无数条红色的喜报，汇成一股气势强大的红流，向县衙门冲去。

衙门口守门的衙役一看不好，慌慌张张往县衙内跑，去报告朱海珊。

老百姓把衙门口围得水泄不通，大家异口同声地喊："朱老爷在哪里？快快出来接'喜报'！"

朱海珊正带着夫人在楼上观景，突然发现老百姓涌向衙门，不知道发生了什么事，吓得腿都软了。他勉强扶住围栏，对着楼下的人群，故作镇静地说："胡说，我有什么喜事？"

人群中有人喊道："袁大总统当皇帝，对你这县官老爷不是喜事，难道是悲事？"

"嗨嗨，这、这、这是喜事。"他哪敢说不是喜事呀。

"既是喜事，我们从四乡八里来到衙门里送'喜报'，你为什么还不派人来接？"

"就来，就来。"说着，朱海珊只好吩咐差役去接喜报。

群众这时纷纷说道："你接了'喜报'，要给我们每人送两块光洋的喜钱啊！"

"我哪有那么多钱？"朱海珊一听傻眼了，他做梦也没想到老百姓出了这么一个治他的招儿。

"你当县官老爷没有钱，我们当老百姓的哪有钱？你不给我们喜钱，我们也没喜钱给衙门送，互相吹了吧！"众人一边说着，一边把"喜报"劈哩啪啦往衙门里扔，然后一哄而散。

朱海珊见老百姓走远了，这才慢慢走下楼来，拆开"喜报"一看，里面却写着"瘟神"两个字，顿时气得瘫坐在地上，连连叫着："来人呀，把送喜报的刁民统统抓来！"

可怎么抓呢，抓哪个呢? 衙役只得上街晃了一大圈又回来了。

贺英就这样略施一计，轻松战胜了朱海珊，解决了恶霸朱海珊硬摊派在老百姓头上的债务。

贺龙和伙伴们都开心得不得了，对大姐的计谋钦佩不已。贺龙看大姐在若无其事地做活，便

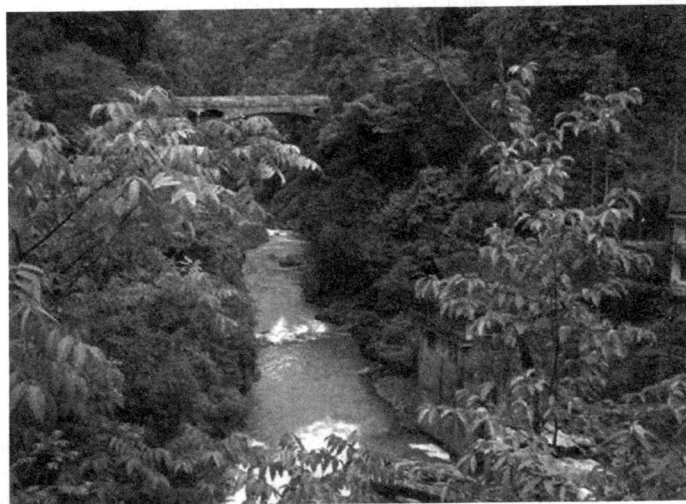

△ 湖南桑植风景

笑着对大姐说："大姐，咱们斗过了朱海珊，你好像不是特别高兴呀？"

贺英抬起头来，看着血气方刚的弟弟，说："朱海珊这次吃了大亏，他肯定不会善罢甘休，咱们还得小心点。"

贺龙听了姐姐的话，点点头。

这天，谷绩廷来了，贺英便把贺龙等人要杀朱海珊、同蔡将军一起讨伐袁世凯的打算说了一遍。

谷绩廷说："朱海珊这个王八蛋，我早想收拾他了，只恨手中没枪。"

贺龙想起回来时经过芭茅溪盐局，那里不是有枪吗？

贺英很支持弟弟的想法，说："没有枪，我们只有去夺枪，先杀了朱海珊，再把桑植大大小小的坏蛋都斩尽杀绝。"

谷绩廷也表示同意。他们又聚在一起仔细研究确定了行动计划。

贺龙和谷绩廷等手提两把菜刀，带着十四条好汉，乘夜色闯入芭茅溪盐局。贺龙亲手砍死税警队长，缴获十五支步枪，两支手枪和九千斤盐。他下令把盐统统分给穷人，释放了俘虏。这就是史上有名的贺龙"两把菜刀闹革命"的故事。贺龙用这十几支枪武装起他的队伍，杀了罪恶多端的朱海珊，占了桑植县衙，在衙门前的旗杆上，竖起一面"湘西讨袁护国军"的大旗。

贺龙趁机攻占附近的一些县镇。贺龙的讨袁军大旗一竖，附近不少土著武装都来归顺。慈利的革命党人卓晓初还题写了

"湘西讨袁军"几个大字。贺英领着几个妇女将大字镶在旗帜上。

贺英全力支持弟弟，帮助贺龙招兵买马，扩大武装力量。

⊙→ 桑植女司令

★★★★★ （30—34岁）

1916年，湘西政坛军界，异常混乱，各派势力互相勾心斗角，各人心里有自己的小算盘。随着贺龙在桑植起事成功，在附近形成一定力量，有人开始打他的主意，想把他拉拢过来，以壮自己的力量。贺龙考虑再三，最后决定依附澧州镇守使王子豳，想借王子豳之力，扩充自己的武装力量。王子豳答应给贺龙部300支枪和300箱子弹，为表诚意，贺龙决定让父亲贺士道和弟弟贺文掌及一些亲随人等，去澧州取枪。

桑植县里有一个无赖叫朱疤子，是朱海珊的侄儿，朱海珊活着的时候，他仗着朱海珊给他撑腰，没少做坏事。贺龙杀死了朱海珊，朱疤子在县里呆不下去了，就带着一伙人跑到山势险要的骡子岭，在那里安营扎寨。朱疤子发誓要与贺龙势不两立。

　　这时候不想走漏了风声，在经过天子山下的三人潭时，陷入朱疤子等人早已布下的埋伏里。贺老爷子不幸受伤落水身亡，贺文掌被狠毒的朱疤子放在笼屉中活活蒸死。

　　贺英得知父弟被害，勃然大怒，她赶回桑植奔丧。

　　贺英经调查知道，害死父弟的凶手里面有谷家人。

　　盛怒之下，她带人砸了谷家祠堂，谷姓人家顿时感到事态严重，也拿出刀枪，聚集起来，准备一场家族血战。

　　贺英和谷绩廷回到杜家山后，朱疤子即招集了他手下的人马，商议杀死谷绩廷和贺英。

　　朱疤子有个把兄弟叫陈又清，外号"满肚子坏"，又因为脸黑，大家都叫他陈黑满，这小子是哥老会的成员。谷绩廷还救过他的命。

　　朱疤子找到他，说："你杀了谷绩廷，我给你5000大洋。"这小子见利忘义，早把谷绩廷救他的恩德丢在了脑后。

　　贺龙起义成功后，谷绩廷也感觉到要想在桑植站住脚，必须有枪，他便托朋友弄来十几条枪。当时，他正准备招兵买马，扩大队伍。"满肚子坏"就委托哥老会内部的人去找到谷绩廷，谎称他手下有二十几个人，打算投到谷绩廷的麾下，并愿听从调遣。

谷绩廷一听，正对心思，就满口应承，准备前去面议。

贺英跑了出来，对他说：'满肚子坏，不是好东西，我看你还是慎重些，先不要过去，让他上咱们这儿来，咱们接待他。'

谷绩廷说："别担心，我曾经救过他的命，他总不是禽兽吧，还能恩将仇报？"

贺英听他这么说，也没办法，就要他带着防身兵器，谷绩廷说："用不着，人家诚心诚意找咱们，咱们不用想那么多。"

没想到，陈黑满这个人面兽心的家伙，在酒桌上趁人不备，掏出手枪，打死了谷绩廷，谷绩廷的贴身警卫徐焕然带枪冲了出来。陈黑满打死谷绩廷后，割下了谷绩廷的头，挂在村头树上，扬长而去。

贺英与谷绩廷结婚后，夫妻二人感情很好。贺英还生下一子，小名叫"豹豹"，不料儿子不到数月即夭折了，此后贺英再没怀孕。夫妻俩一起拉队伍，抗官府，杀劣绅，枪林弹雨十几年，虽然未再生育子女，但在艰难困苦的岁月里，夫妻俩相濡以沫，感情甚笃。

贺英在家中，整整一天，心都悬着。总觉得会有什么事要发生。傍晚时候，徐焕然带着伤跑回来了，他跪在贺英面前，失声痛哭。徐焕然虽是谷绩廷的警卫，但贺英两口子待他像亲兄弟一样。贺英听到'满肚子坏'杀死了她深爱的丈夫，顿时像晴天响了声霹雳，惊呆了，她感到天旋地转，差点晕倒在地，徐焕然赶紧上前扶住了她。她扶住门框，推开徐焕然，向门前巍巍大山望去，她没有落泪，她把仇恨咽在肚子里。

　　贺英强忍着悲痛，同弟兄们一起把丈夫的尸体运回杜家山，她吩咐人挑来一担清水，亲自把

△ 女英雄贺英宣传画

丈夫尸体洗干净，又找来针线把伤口缝好，用白布紧裹后，装入棺材。她一声不吭地做着这一切，也不用别人帮忙，令身边的人不由心酸落泪。

出殡时，她按照当地习俗请来了七个道士做道场。谷绩廷的生前好友都前来表示哀悼。

桑植及周围各县帮派团伙，有表示同情的，也有幸灾乐祸的。

湘西军阀陈渠珍也假惺惺地发来一份唁电，说是"对凶手要严加惩办，对死者表示哀悼"。贺英将唁电撕得粉碎。

贺英就在她家大门口的正前方，为丈夫修起一座高高的坟墓，安葬了自己最爱的人。

此后，每天一早一晚，贺英围着白头巾，系着一条白色头绳，脚上穿了一双半截白的孝鞋，一身缟素，不施脂粉，她满脸悲戚哀伤地站在墓前，默默地说："我一定为你报仇。"

此后贺英终身未再嫁。

鸟无头不飞，羊无头不走。谷绩廷死后，弟兄们像掉了魂似的。

贺英见弟兄们精神不振，急得吃不下饭，睡不着觉，开始考虑这支队伍的命运。解散吧，但武器交给谁？这些武器都是弟兄们用鲜血换来的。各地的实力派都急着想来夺这批武器。再说，已当旅长的弟弟贺龙远在川东涪陵一带，要是家乡没有一支队伍做后盾，乡亲们要吃多大的苦头啊！要是弟兄们不敢把打富济贫的旗帜高高举起来，谁来领头？

她把排连以上的骨干招到议事厅开会。

贺英原本在队伍里就很有威望，虽然谷绩廷不在了，但没有一个人想要离开另择山头，都留下来跟着贺英。大家一致拥戴她当司令。

贺英把队伍重新整治起来，严明纪律。贺英开始苦练枪法，不到一个月时间，便被弟兄们誉为独一无二的神枪手。

人们经常看到她盘着头发，身穿灰色大褂，腰系皮带，挎着短枪佩刀，骑着一匹枣红大马，人称"贺司令"。

贺英和桑植的恶霸、地痞斗争，维护地方百姓的利益。她经常教育手下的士兵，她的队伍只为穷人打仗，要爱护老百姓，绝不允许做任何有损百姓利益的事情。因此，贺英的队伍在当地老百姓中非常受欢迎。人们把她当成了救苦救难的观世音菩萨。

→ 屯兵鱼鳞寨

1920 年，贺英觉得队伍需要休养稳定，也出于用兵的考虑，她选择了一个叫"鱼鳞寨"的山寨，作为自己的据点。

鱼鳞寨，晚清时归一个姓向的土王所盘踞，寨顶上不仅有水有田有林木，还可以屯兵养马，而且有"白龙堡"、"老虎嘴"、"炭棚脑垭口"等天然地理优势，是一个"一夫当关，万夫莫开"的天然城堡。

贺英把这所古寨重新经营起来，在寨上盖好营房，修好工事，备好粮草弹药，形成了一股力量。贺龙也派人送了枪械子弹。贺英便带领这支队伍，扯起"打富济贫"的旗号。贺英队伍中人员多以亲戚、朋友和丈夫旧部为主。贺英率领这支队伍，曾和周围各县的封建军阀、贪官土劣、土匪打过不少仗。

1921年，贺龙被任命为四川讨贼联军川东边防军独立团团长，奉命入川。

临行前，贺龙到鱼鳞寨来探望大姐。

贺龙来到大姐贺英住处，见大姐正给她手下的弟兄们缝补衣服。

一见大姐面，贺龙就觉着有说不出的亲热，他高兴地喊声："大姐。"

贺英抬头看见是贺龙，非常欢喜地说："常常，你来了？"说着忙放下手中的活，拉过凳子，让贺龙坐下。

贺龙说："大姐，明天我要带队伍入川，随孙中山先生讨贼去。"

贺英听着贺龙的话，又望着弟弟那威武、英俊的面孔，说："常常，去吧，跟着孙先生，给老百姓打个好天下。那孙先生是个好人哪！"

贺英说着，给弟弟倒了碗热水。她看见贺龙的衣服袖子破了，便说："常常，过来，姐姐给你缝缝袖口。"

贺龙还像小时候一样，很温顺地把胳膊伸了过去，让姐姐缝补。想那贺龙是一个指挥千军万马有勇有谋的虎虎战将，在姐姐面前，却听话得像个孩子。

贺英一边给弟弟缝补，一边亲切地问："常常，你入川还有啥难处吗？"

贺龙摇头说："没有。"又接着说道："大姐，我这一去，不定几年才回，每到清明，你替我在父母坟前烧几张纸吧。"

　　一提起父母，贺英不由得心酸，她低下了头。

　　贺龙接着说："还有，我走之后，那朱疤子、陈黑满他们还会找你麻烦的，你和二姐、三姐、大妹、小妹们要多加小心。"

　　贺英说："我这里你不用惦念，放心去吧，

▷ 贺龙二十军指挥部旧址

可大姐有几句话你要记着。头一句，对百姓要仁义；第二句，对弟兄们要像亲兄弟一样；第三句，你要一身清白！"

贺龙点点头，说："大姐放心，大姐的话我全记在心上了。"说着，他拿出几卷银洋，放到贺英面前说："大姐，这些钱，你留下用吧。"

贺英用嘴咬断线说："不，你把钱拿着，你这一次去川东，处处都要用钱。"

贺龙也不管大姐怎么说，硬是把钱留下了。姐弟俩洒泪而别。

贺龙回部队的当天晚上，正和部下商议事情，有人报告说鱼鳞寨大姐派人来了。贺龙出去一看，原来是贺英打发人送来20支枪和一些子弹，另外还有1000元大洋。贺龙本想让来人带回，可他想到这是大姐的一番心意，便收了下来。

在贺英的革命思想中，有一条她特别坚守的信念：革命是为了穷苦老百姓。这一点不仅她自己十分清楚，还要弟弟贺龙也要铭记。这对贺龙后来加入共产党，确实有积极的影响。

1926年夏天，贺龙被任命为国民革命军第九军第一师师长，从铜仁开始北伐。这时，贺英联络地方武装贺廉、李云清、谷志龙等部，攻下了桑植城，把县长肖善堂追得屁滚尿流，逃到了大庸的桥头镇才敢停下来喘口气。贺英的势力控制了桑植县的大半。

城内群众和各界人士打开城门，送"万民伞"，"欢迎贺司令进城"。贺英部队纪律严明，进城后，城内秩序井然，民众安居乐业。

一次，贺英队伍与"湘西王"陈渠珍所属的两个团在永顺的塔卧遭遇。贺英趁早晨天降大雾之机，率队夺路而出。之后在瑞塔铺附近设伏，伏击了团防，接着，又在东旺坪、八斗桥一带，打垮了慈利县恶霸胡三板的反动武装，还多次击退过肖沛然、刘金星等匪徒对鱼鳞寨的偷袭和进攻。

还有一次，贺英带领十多个女兵去一个村子检查工作，不料在路上碰上了一百多团防兵。团防兵一看都是女兵，根本没有把她们放在眼里，依仗着人多势众，把她们团团包围起来，一个小头目狂叫道："贺英，你今天就是长了翅膀也飞不出去！"话音刚落，只听得"叭"的一枪，那个小头目仰面倒下了。团防兵开始还想捉活的，后来看不行，便用密集的子弹向她们扫射。可是，打了一阵，她们一个也没倒下，倒是团防兵死伤不少，最后眼睁睁地看着她们突围出去。

贺英每次作战时，身穿紧衣，头缠青巾，脚蹬草鞋，身先士卒，勇不可当，双手打枪，百发百中，乘跨烈马，疾驰如飞。

贺龙部队第一团团长贺敦吾的夫人翁淑馨

后来回忆说："我第一次见到贺英同志，就给了我很深的印象。那还是在1924年，第一混成旅在贵州松桃县提一个叫龙团长的枪时，因为跑了枪（即跑了兵），贺敦吾等前往视察。这时，一个人骑着一匹花白马跑了来。她勒住马对贺敦吾说：'这样的布置，跑枪了吧？'贺英穿着一身土布衣，斜挎一支盒子枪，脸红喷喷的，继续说：'不该先打死龙团长，不然可以叫他下命令架起台子缴枪！'贺英的话，贺敦吾都点头称是。这就引起了我的好奇心。在民国初年，尤其在贵州，不但女子骑马弄枪的没有，就是扬鞭赶车的妇女，也视为稀奇。我当时也只是十六七岁的姑娘，便问贺敦吾这骑马的女子是谁。敦吾告诉我说：'她是大姐贺英，才从桑植来看贺龙的。''她会骑马打枪？'我好奇地问敦吾。敦吾说：'她的本事比我们弟兄都好！'我又说：'从桑植到松桃路上这样不安宁，她一个女人敢跑这里来？'这时一旁的贺龙说：'姑娘啊，大姐她啊，一身是胆！'"

贺英打仗时英勇善战，胆气过人，虽然她带的队伍人数不多，但敌人一听到她的大名，都畏惧三分。

→ 心向共产党

1926 年，贺龙就任国民革命军第九军第一师师长，周逸群任政治部主任。贺龙率部北伐。

在武汉休整期间，贺龙要副官贺植卿给贺英写信，要贺英到汉口来。

贺英接到贺龙的信后，便带贺家、谷家亲人到了武汉。贺龙担心大姐第一次到大都市不熟悉都市生活，特地叫女兵张月圆跟随大姐身边。

贺英在武汉住了一段时间，接触了周逸群这样的共产党人，也同倾向国民党右派的贺龙的参谋长陈图南打过交道，更看到了复杂的政治形势。

贺英语重心长地对贺龙说："常常，这些

日子我算看清楚了，国民党这一帮人是只知道做官为宦的东西，和咱们穷苦老百姓根本坐不到一条板凳上，你指望他们为穷人干革命，是竹篮打水一场空。你可要心眼活一些，小心他们翻脸不认人。"

贺龙坚定地说："我已经下了决心，要走共产党这条路。"

贺龙此时已彻底明确自己前进的方向。他向贺英讲述了自己投向共产党的决心。他告诉大姐共产党是反帝反封建反压迫的，是真正为穷苦人翻身解放而革命的，共产党员觉悟都很高，他们有着崇高的革命理想，他们甘愿为革命牺牲一切而在所不惜。他们干革命不是为了升官发财，是为了大多数人谋利益。官兵平等，同吃同住，他们非常爱护老百姓。

她听了贺龙的话后说："常常，我们是穷人家出身，共产党是为穷人办事的，你跟上这样的党，姐姐赞成。你只管大胆干，在外面不行就回湘西去，乡亲们会支持你的。"

贺龙要离开武汉，继续北伐。贺英正好也想回家乡。

贺龙说："大姐，你已经四十多岁了，回去好好休息，不要再带枪拖队，太劳累了。"

贺英一笑说："这恐怕不行，我回去不是为享清福的，是为了和那些害人虫、地头蛇斗争的。我走时，你得给我带一些枪支子弹，别的什么我都不要。"

贺龙对大姐这种勇于反抗强暴的斗争精神很钦佩，可他担心路上出事，这一路大大小小的土匪、地头蛇，还有官府、军阀各种卡子，路上困难重重，也很危险。

他说："枪弹可以给大姐，可大姐怎么运回去呢？"

贺英说："这你放心，我自有办法。"

贺龙指着女兵张月圆说："这丫头心里明白，手脚勤快，枪法不错，让你带走。"

于是，贺龙给了贺英 50 条枪，还有数千发子弹。为多买些武器，贺龙的家属也都拿出戒指、手镯等首饰，支援贺英。贺龙的女儿贺金莲听

女英雄 贺英

说大姑要买枪去打地主土豪，便把自己积攒了几年的零花钱也都拿出来了。

贺英为什么要历经千难万险、冒着生命危险往家乡运枪弹？

贺英想到贺龙跟上共产党了，而共产党当时力量还很薄弱，万一有个不测，贺龙回乡，再拉队伍时，也有个小小的基础，她考虑问题很细，也很长远。

贺英带着贺、谷两家的亲属和枪支，从汉口出发，踏上冒险之旅。为了混过各种各样的检查，逃过大大小小土匪、军阀的耳目，她将这些枪支弹药藏在一口棺材内，装办成起灵回乡的。棺材分为两层，下层装枪，上面有人装扮成死者。为了不露出破绽，她和家人都装扮起来，披麻戴孝，安排好角色，并预料各种各样可能出现的意外情况，比如一旦在关卡上被盘问应该怎么说，遇到土匪拦截怎么办，贺英做好了各种准备。贺英经水旱两路，历尽了许多辛苦，终于将枪弹安全运回桑植洪家关。

路过湖北常德时，又应当地农协会主席陈昌厚的要求，送给了他们一些枪支。后来常德地区在陈昌厚带领下，为了扩大革命根据地，组织农民武装暴动，暴动队伍后来编成的湘西工农革命军第四支队，在敌军大举"围剿"的紧急关头，将这支队伍分成若干小队，依托深山老林，开展游击战争。贺英送给他们的这些枪支起了重要的作用，有力地支援了常德地区的革命斗争。

回家乡后，贺英积极组建武装，半月内即扩兵数百，声势强大。

贺龙后来回顾贺英的生平事迹时说："当时我看她搞武装很危险、很吃力，是我写信叫她到武汉的。在汉口，她就告诉我：'你靠那些国民党左派靠不住！'所以她就买枪。"贺英的思想变化，是从农民运动中受到启发的。以后，她受了贺龙的影响，有了革命的英雄主义思想。

当年跟随贺英往返武汉的向黑樱回忆说："在汉口，有次大舅（指贺龙）打牌赢了钱，大姨妈（指贺英）叫我去拿钱，我见她箱子里攒了好些买枪的钱。大姨妈经常向大舅要钱买金首饰，买枪。武汉有不少做金银首饰的银号，打个电话就亲自上门。大姨妈在金银首饰店买了不少，都是店里给送来的。买子弹有好几个地方，一个叫辅堂里，一个叫法新街。后来，南昌起义，大舅叫家眷们往回撤，大姨妈带着老的、小的一大帮回桑植，她带的东西不少，长、短枪、子弹，怕遭抢劫，大姨妈把武器装在棺材里。1928年初，大舅回去后，大姨妈把枪、子弹还有金银首饰，都给了大舅了。大舅说大姨妈有远见。大姨妈在武汉时就跟大舅说：'说不定哪天有个挫折，要准备个后路，万不得已，东山再起。'没料到半年后，大姨妈的预见就印证了。"

　　贺英后来曾多次向贺龙和周逸群提出加入中国共产党的要求。周逸群向她解释："你目前不入党比入党作用大，这里情况复杂，团防民团首领，有的反共，有的是中间派，有的支持我们。大姐在这里关系多，影响大，可多做团结他们的工作，减少我们的阻力。人家看你是共产党，就不敢接近了。"

　　贺英虽然没有入党，但是，她带领的是共产党的游击队，在红军几度离开，国民党军频繁"围剿"的情况下，为红军守护着进退得以依托的根据地。

山中革命

（1927—1933）

→ 孤军奋战

（41 岁）

贺英回到桑植不久，长沙发生马日事变，国民党反动派到处追捕、屠杀共产党员和革命群众。

1927 年 8 月，为了反抗国民党反动派的屠杀政策，中国共产党在周恩来、贺龙、朱德的带领下，发动了南昌起义，打响了武装反抗国民党反动统治的第一枪。起义成功后，就遭到了国民党疯狂的反扑，他们妄图一举消灭革命的火种，贺龙等人率起义部队实行战略转移。

敌人对贺龙的老家洪家关进行"围剿"，杀人烧屋，无恶不作。

在敌人重兵"围剿"中，贺英指挥她的地方武装坚持斗争。中共湘西特委建立后，派人到湘西北地区发展党的组织，组织年关起义，建立了有贺英等部参加的六百余人的农民武装，于 1927 年 12 月 14 日发动起义，攻占桑植县城，后因国民党军反扑，起义武装撤离县城，转入农村分散活动。

贺英依然以鱼鳞寨为据点，经常在洪家关、桑植城、南岔、双溪桥一带活动。一面协助农民进行反租税、反压迫的斗争，一面用武力打击那些为非作歹的恶霸。

贺龙率所部参加南昌暴动的消息传到桑植，贺英的心一下子提到嗓子眼儿，自从离开武汉与弟弟分手后，联系就中断了。贺龙生死不明，她日夜不安。

贺龙的参谋长陈图南是桑植空壳树人，因叛变革命，被贺龙处决了。他的侄子陈策勋同陈黑、刘九同、张松如等人叛变了贺龙逃回家乡，招兵买马，扩充势力，掌握了桑植县的军政大权。不久，陈策勋当上了剿共总指挥，联合全县的反革命势力，共同对贺英及其倾向革命的地方武装发起猖狂进攻。

南昌暴动后，蒋介石向全国发出通缉令，收买贺龙的人头。

陈策勋到处扬言："贺龙已经死了，要趁机把贺寡妇除掉！"

恶劣的环境使一些原来表面拥护革命的旧武装陆续倒戈。罗峪一带是长瑞乡乡长的管辖地，他本人与贺英还是亲戚，也曾给贺龙送过几十条枪，现在他也投靠陈策勋了。

局势如此严峻，龚莲香和张月圆每晚守在贺英的身边，轮流睡觉，时刻担心她的安全。

贺龙在南昌暴动之前，曾派了亲信营长贺桂如带三个连回桑植保卫家乡。当听到贺龙兵败风声，有两个连跑了，投靠了反动派。只有一个连还听贺英指挥。当时，贺英指挥的队伍中的带兵骨干有徐焕然、滕久元、向连生、徐武生、唐小阳、谷茂林等，这些人对贺英很忠诚。

在众寡悬殊的生死关头，贺英沉着应战，暂时放弃鱼鳞寨，采取灵活机动的麻雀战术，巧妙地同敌人周旋。

贺英有时神出鬼没地出现在某个地方，骑着大白马，身挎双枪，公开和一些地方武装头目谈判；有时提个篮子，化装成卖针线的小贩，串乡走寨，陡然出现在大户人家小姐的房里，通过小姐的引见，会见某地的团防老爷；有时化装成割牛草、拔猪草的农妇，攀岩越涧，钻进深山，深入绿林好汉的窝子，通过做深入细致的思想工作，规劝好汉们改邪归正，投奔贺龙。因此，有人说她是"樊梨花再世"、"穆桂英托生"。敌人都畏她三分，只要听说是贺英来了，一个个都不寒而栗。可贫苦人民都喜欢她，亲切地称她"贺司令"或"香大姐"。

贺英带着队伍活动在桑植的罗峪、龙潭坪、四门岩，鹤峰的堰垭、柘坪、太平、割耳台等地，发动群众，联系一些地方武装，打得敌人昏头转向。

贺英的武艺十分高强，曾经只身深入一个土匪巢穴，生擒了匪首，从而收编了几百名土匪。

心狠手辣的敌人追不到贺英，就将贺英的干将徐焕然的妻子抓走，逼她说出贺英的下落。徐妻宁死不开口，惨遭敌人的杀害。徐焕然悲痛欲绝。

贺英流泪安慰他说："此仇我报定了。"第二天，贺英只身一人闯进匪巢，提了两个凶手血淋淋的首级，为徐妻祭了坟。

贺午妹回营报告说："五里区的农协主席彭兴周叛变投敌，杀了县委特派员温练之，我俩今

△ 湖北鹤峰县大山

晚去收拾他。"说罢欲取短枪，贺英制止："不能用枪，只用刀就行了。"于是她取下双刀，分给午妹一把，说："彭是武林高手，我们得小心从事。"朦胧的月光下，彭兴周正在院中练武，贺英姊妹飞身入院。彭兴周早已认出贺英，知道来者不善，拔腿便逃，被午妹拦住，三人拼杀起来。彭虽武艺高超，却不是她们的对手，才几个回合，就被贺英削断右臂，贺午妹一刀取了彭的首级。

转过年头，有人说贺龙从上海到了洪湖，在那里出布告、打仗，不日将会打到家乡来。贺英同弟兄们把队伍拉回桑植，一面同敌人周旋，一面等候贺龙回家。

贺英能在敌我力量悬殊的情况下，毫不畏惧地同数倍于自己的敌人周旋，不仅是因为她的机智勇敢，更主要的是她有着坚定的革命意志。

→ 情系红军

1927年10月，陈策勋调动六百多人围攻贺英队伍。扬言"不抓到贺寡妇绝不收兵"。

当时，贺英骑在一匹大白马上，指挥队伍同敌人周旋，日夜在枪林弹雨中度过。面对敌强我弱的形势，贺英率队伍从桑植绕道慈利边界的官地坪，进入湖北鹤峰的大山之中。29天内打了32仗，有时一天一仗，甚至一天打几仗，把陈策勋人马拖得精疲力竭。最后，贺英率队伍进入了堰垭的大山，在这里，她与兄弟们得到了谷绩廷生前好友哥老会中的"仁义大哥"邓仁山夫妇的关照。邓仁山的妻子谷德桃，比贺英年长三岁，人称"谷大姐"，在江湖上很有名气。邓仁山夫妇率五十多弟兄，十多支枪，在堰垭山安营扎寨，打富济贫。

贺英率队伍在堰垭休整了一段时间后，又率队伍走马坪到了王家河、割耳台一带，这里是贺英外婆家。这年冬天，天气特别的冷，大雪封山，山上一尺多厚的雪，吃饭靠老百姓送包谷子，吃菜靠弟兄们上山打猎、挖野菜根儿。生活艰苦，贺英同大家都不怕，最难受的是荒无人烟，与世隔绝，听不到贺龙的消息。贺英叹道："以前咱们在桑植能站得住脚，是有贺龙这面大旗在外边飘扬，贺龙这面大旗倒了，我们就立不住脚了。"

听到对贺龙的各种谣传，贺英的心情极为沉重，她内心焦虑不安。

她派部下到武汉探听消息，自己又带了几十个人，化装成一支运盐队伍，经慈利、石门、临澧等地，冒着种种危险，转了一个大圈子，去寻找和迎接贺龙，一次次怀着希望而去，一次次又失望而回。

没有贺龙确切的消息，贺英的心几乎要碎了。

这年冬天，天气格外寒冷，贺英率队在泉峪与敌人打了一天，天黑后，敌人撤退了。贺英站在山头，面向东方，昂首挺胸，直直地站在那里，清冷的月光照着她的身影，寒风抖动着她的衣襟。她一动也不动，像一尊雕像，目光中满是对亲人的期盼！

1928年春天，贺龙回来的消息像春风一样吹到了贺英耳边。

贺英兴奋极了，当贺龙到达洪家关的时候，她快马加鞭地从王家河赶到了洪家关。

△ 周逸群

她身穿粗布衣，头上挽着髻，腰中别着两把短枪，身后，跟着四个女兵，都背着匣子枪，显得很威风。

贺龙看见亲人，高兴地喊了一声"大姐"，向贺英跑过来。

她同贺龙、周逸群、贺锦斋等领导人见面握手时，激动得流出了眼泪。

贺龙笑着说："大姐，我们回来了你应当高兴，你干吗要哭？"贺英用手绢擦着眼泪说："我太想你们了，这是高兴得流泪啊。"

贺龙又告诉她："大姐，我们现在是共产党了。"

贺英连连点头："好，好，共产党好。"她在武汉时就接触过周逸群，听他宣传过共产党的主张，她对共产党一直有好印象。

贺英高兴地对周逸群说道："逸群，云卿（贺龙的字）走上革命道路，你是他的引路人啊！"

周逸群说："大姐，云卿走上革命道路，是他自己的努力。"

贺龙说："大姐，逸群是共产党内的好同志，我们也情同手足啊！"

周逸群说："大姐的英名，早就在我们党内传开了。"

贺英摆摆手说："我怎么能同你们共产党员比哟！"

接着，贺龙又把黄鳌、卢冬生等人给贺英作了介绍。

据张月圆老人回忆，这天贺龙的家里像办喜事一样热闹。屋门前人来人往，出出进进，挤得水泄不通。

贺英从身上掏出一支崭新的、金光闪闪的、上面刻着外国旗符号的小手枪，走到贺龙面前，递给贺龙说："常常，你看这是什么？"

贺龙接过手枪一看，不由大喜。原来，这支手枪还有一段来历呢。

那是贺龙在讨贼军中当团长时，在四川与川军打仗时，从范绍增处缴来的。后来这枪被一个姓马的骗了去。不久前，贺英同陈策勋作战时，又缴回了此枪，现在，贺英把枪交给弟弟，可谓物归原主了。

贺龙、周逸群等受中共中央指派回到湘鄂西开展武装斗争，开辟革命根据地。贺龙等人到洪家关后，即着手宣传共产党的政策，开展减租减息的斗争，并招兵买马，发展壮大队伍。贺英将自己掌握的近千人的群众武装交给贺龙、周逸群等，身边只留一些短枪和二十来个兄弟打游击。她自己带人回到了鱼鳞寨。

贺英协助贺龙工作，经过一个多月发动群众，收编旧军队，集合三千多人马，成立工农革命军，贺龙任军长，黄鳌任参谋长，贺锦斋任师长。

贺英率游击队参加了工农革命军和桑植起义，为建立湘鄂西革命根据地作出了重要贡献。

→ 保护革命家属

1928年7月，贺龙率领工农革命军前往石门、澧县、松滋一带打游击，桑植只留下一些地方工作人员和游击队坚持斗争。主力部队一走，地方团防、土豪劣绅、流氓地痞等统统都活动起来，他们疯狂屠杀共产党员和红军家属。住在洪家关的工农革命军的家属也东逃西散，她们的人身安全受到威胁。

贺英率领部下退据在长坪的妹妹贺月姑家,掩护这些眷属子女。当敌人"围剿"长坪时,她又带着眷属子女向覃湾转移，使眷属子女未遭残害。

贺英这时是游击队的领导人，在公开场合大家都叫她"司令"，平时一般都称她"香大姐"。她带着游击队活动在桑植的罗峪、龙潭坪、四门岩，鹤峰的堰垭、柘平、太平、割耳台等地，发动群众，联系一些地方武装，巧妙地同敌人周旋。

贺龙在与贺英分手时，就让贺英带部下转移到鹤峰王家河，那里地势险要，易守难攻。

当贺龙率红四军走后，许多革命家属留下来，贺英即带着这些家属和队伍从鱼鳞寨撤出，向鹤峰王家河转移。

陈策勋趁贺龙已走，贺英势单力薄，便想乘机消灭贺英。他不给贺英喘息之机，派兵紧追。

农历八月的一天，贺英率领游击队从鹤峰开过来，在桑植的罗峪一带打游击。这里群众基础比较好，地形复杂，到处是悬崖峭壁，敌人轻易进不来。贺英同农民一起下地劳动，有时上山打猎，不容易暴露目标。

贺英虽然人少，但她毫不胆怯。她带领人马在罗峪一带和陈策勋的人马打游击战。

敌人尽管气势汹汹，最终也奈何不了她。

贺英便率队伍在罗峪驻扎下来。一面练兵，一面种地。只是这深山僻野，消息闭塞，很难与外界取得联系。贺英陆续派出一些侦察人员，化装成老百姓到处打听情况，他们带回来一些不好的消息，让贺英心情很沉重。比如贺龙部队在石门一带

△ 湘鄂西工农武装使用的铁炮

受挫，特别是参谋长黄鳌、师长贺锦斋先后阵亡，还有的说贺龙的脑壳也被砍下来了。

贺英的心整日提到嗓子眼儿。南京、长沙的报纸大吹大擂，说什么"消灭共军干将"、"斩断贺龙两只臂膀"等，消息传到县里，"剿共"头子陈策勋得意忘形，更加不择手段地镇压革命。

这一下，桑植的地方团防、土豪劣绅、流氓地痞又都活跃了，开始向贺英的队伍及革命群众疯狂地反扑。抓不住共产党，就向革命群众下手，追捕共产党员和红军的家属。

贺龙的一个远房兄弟贺廉元，是红四军中

的一名团长，他的妻子和 8 岁的儿子在陈策勋扫荡洪家关时，被逼跳下了悬崖，母子俩被摔得粉身碎骨。王炳南的父亲和他的儿子，被陈策勋的人抓住，祖孙俩被打得遍体鳞伤，关进了大牢。

这些不幸的消息传到贺英的耳朵里，她心里难过得吃不下饭，睡不着觉。

一天晚上，贺英姥姥家的四表弟王华正在哨位上，他听到崖壳地的芭蕉叶哗哗响，知道有情况，立即鸣枪报警。贺英与弟兄们正在吃饭，听到外面传来枪声，贺英马上判断有敌人偷袭。

龚莲香在房门口喊道："贺司令，赶快突围，我们被敌人包围了！"贺英立即指挥着徐焕然、向连生、唐佑清、龚莲香、贺满姑、张月圆等一面抵抗敌人，一面掩护家属和孩子们撤走。待家属和孩子们撤走后，敌人已冲进了村子。偷袭贺英的正是刘子维团防。

激战中，贺英的贴身警卫龚莲香为掩护贺英腹部不幸中弹，只听得龚莲香"唉哟"一声倒了下去。张月圆急忙去拉龚莲香，龚莲香用微弱的声音回答："你们赶快突围，我不行了。"龚莲香是贺英最喜爱的女兵之一，每晚都睡在她的身边，贺英像对待女儿一样待她。龚莲香强忍伤痛，一手捂着血流不止的小肚子，一手不断放枪把敌人引开。跑了一阵之后，她的肠子流了出来，拖在地上，实在跑不动了，就停下来和敌人接火，最后子弹用尽，胸部和头部又各中了一枪，英勇牺牲了。

这时，徐焕然、向莲生、唐佑清等人跳了出去，大吼几声："冲啊，杀啊！"敌人也摸不透虚实，只闻吼声震天，枪声不断，很快逃开了。贺满姑带几个人冲了出去。

贺英令人背上龚莲香的尸体趁机突围出去。贺英、徐焕然、王华正等几个人跑到了一座山上，徐焕然的4岁儿子，突围时没带出来，亦被敌人抓走。

贺英等几个人正商量如何收容失散的同志时，刘子维又指挥人马冲杀过来，敌人边冲边喊："贺寡妇只剩两杆空枪了，追上去抓活的呀！"

刘子维仗着人多势众，带着团防兵发疯地向山上冲，子弹像雨点一样朝贺英他们的方向打过来。贺英等边抵抗边撤，一颗子弹呼啸着飞了过来，一下子穿透她的右臂，她撕下一块衣襟，简单缠了一下，又与敌人打了起来，最后，她和几个队员终于冲出敌人重围。

他们摸黑往鹤峰方向撤走，一连走了几十里路，到了堰娅附近的一个叫凤翅山的地方，才停住了脚，凤翅山上有座青峰庙，这是个尼姑庙，庙里的老尼姑与贺英相识，老尼姑见贺英满身是血，用香灰给她止了血，拿出自己的衣衫给贺英换上。

为了收容失散的队员，贺英在这一带坚持了二十多天，打听失散队员的下落，一些被打散的队员陆陆续续地来到了这里。对于龚莲香的牺牲，大家都很悲痛，尤其是贺英，更是难过。

贺英在凤翅山收拢了人员之后，就立即率队进入鹤峰县，经梅坪、走马坪、太平镇等地，进入了贺英外婆家王家河。

王家河一带，山高林密，群众基础好。老百姓对贺英都很敬重。贺英利用这里山高林密、人熟地熟的有利条件，发动群众，建立农会，慢慢站稳了脚跟。

这里的山民不多，且很穷，常年吃包谷。贺英就采用长途奔袭的办法，到附近50里外的村子去打土豪，或去娄水河里拦截官船。将打来的浮财除留一小部分自己吃用外，大部分都分给当地老百姓。山民与贺英队伍的关系更好了。

王家河附近有个生产陶器的窑子，贫苦的窑工都认识贺英，一天，贺英带着徐焕然、向连生、张月圆正与窑工谈心，侦察员回来了，见到贺英难过地说："香大姐，不好了，满姑被桃子溪团防张恒如抓住，关在桑植县城了。"

贺英的队伍在罗峪被刘子维打败后，贺满姑带着几个人，在山里找了好几天，始终没有找到贺英，她以为贺英转到了别处，便带着人回到了外半县丈夫的家乡杨桠，打算在家乡一边活动，一边等贺英、贺龙回来。

满姑有五个孩子，她参加革命后，孩子就由丈夫照看。满

△ 瞿家湾湘鄂西革命根据地旧址

姑见反动势力猖獗，不敢在家中停留，就三天两头地换地方，多住在亲友家。她想孩子，就把三个小的接到身边，这三个孩子是：三儿子向楚才，只5岁，四儿子向楚汉，只3岁，五女儿才生下八个月，还没有起名。家里人都呼为"门丫头"。就是由于这三个孩子到了她身边，使敌人发现了她的踪迹。

桃子溪的团防头子张恒如得知贺满姑转移到周家峪附近一个叫段家台的小村里住着的消息，如获至宝，马上率兵包围了小村，把贺满姑及三个小孩子都抓走了。

贺满姑被张恒如星夜押到县城后，即交给了驻防县城的省军于团长。于团长听说抓到了贺龙的胞妹，大喜，马上电告省里，称其"捕获湘西农工妇女总队长、匪首贺龙之胞妹贺满姑"。

于团长连夜审问贺满姑，问："贺英现在哪里？"

贺满姑说："她在哪里我怎么知道？"

于团长见她不说，便目露凶光，恶狠狠地说："你带我们去抓贺英，不然，你，还有你的三个孩子，都别想活。"

满姑看着三个年幼的孩子，两个大一点儿的惶恐无助地哭泣着，一声声地叫着娘，满姑心如刀割，可是她咬着牙，一声不吭。

于团长得不到满意的回答，就对满姑动刑。用烙铁烫她的脊背，用猪鬃刺她的乳头，还当着她的面毒打她的孩子。

贺满姑见国民党兵如此卑鄙，怒骂道："你们不用狂，我英姐、龙哥一定会回来为我报仇的。"

贺英得知妹妹被捕，悲痛万分。满姑是怀着身孕跟她一起闹革命的，没过过几天安稳日子，为了革命，既没充分尽到一个做妻子的责任，也没好好享受到做母亲的天伦之乐。

贺英有个堂嫂叫陈桂姑，陈桂姑有熟人在于团长部队里，知道于团长这个人特别贪财，贺英委托她花钱，先将三个孩子赎了出来。

贺英又派人到县城活动，托人保释满姑，但于团长发话，决不放贺满姑。

国民党军警对贺满姑不断地折磨、侮辱。贺满姑自己也不想再做生还的打算，便想服毒自尽。桑植县内有个穷苦女人叫郑冬姑，是个常给牢里送饭的老婆子，这婆子与满姑是老熟人，她对满姑很同情。一天，这婆子又往牢里送饭，满姑悄悄对她说："郑嫂，我是逃不出去了，你想法给我弄点鸦片烟进来吧。"

郑婆子立时明白满姑之意。回去之后，马上做了十几个汤圆，里面包了鸦片烟，又送回牢中。满姑遂将汤圆都吞下。很快，毒性发作了，贺满姑满脸发青，满嘴吐白沫。

于团长原想在农历八月十五中秋节那天处死她，并以此炫耀他们的声威，如今见贺满姑服了毒，遂决定当即行刑处死，将其押往城北门校场坪。此时，满姑已奄奄一息了，刽子手们仍把她架到行刑地，脱去她的衣服，将她捆在木桩上，用刺刀将她一刀一刀凌迟处死。

贺英听到了满姑遇害的消息，悲痛万分。

父亲、丈夫、弟弟、亲戚、朋友，一个个被敌人杀害，而今，妹妹又被敌人残害致死，血的仇恨，使她胸膛燃烧着仇恨的烈火。这让她更加清醒，敌人杀害满姑，是趁红军不在而对后方家属举起屠刀的一个信号，这些丧尽天良的强盗，是什么坏事都能做得出来的。

于是，贺英更进一步担负起自己应该担负的

责任，为了保护革命后代，她把许多红军战士的家属都很好地安置起来。对满姑留下的五个孩子，贺英做了非常精心的安置，她怕敌人对满姑的后代斩草除根，遂把满姑的大儿子向楚生，二儿子向楚明，四儿子向楚汉接了出来，留在了自己身边。后来，她见向楚生、向楚明都到了上学的年龄，不能老随她在山里转，就通过地下党组织，把两个孩子送到上海上学。向楚汉不离她左右，她自己没有孩子，把这些红军的后代，都看成了自己的孩子。

当时，贺英的队伍内，有老有少，特别是小孩子最多，大大小小的有十几个，这样一支庞杂的队伍，要在敌人的不断进攻下能够长期存在，而且还要进行革命和开展斗争，任务是异常艰巨的。贺英采取的措施是，能拿枪的拿枪，能打仗的打仗。因而，这支特殊的队伍里的男男女女、老老少少都是战士，并按照战斗的要求编了组，平时也严格地进行着练兵习武。贺英亲自督练，并教大一点儿的骑马、打枪。因此，在她带领下的这支队伍里，无论大人小孩都有一种勇于战斗的尚武精神。

贺崇姑、戴桂香对此回忆说："1928年6月，中央指示湘西特委分散组织游击队，以发动群众。7月初，湘西特委陈协平、汪毅夫、张一鸣等同志来到桑植，工农革命军在罗峪改编为红四军，贺龙同志奉命东下石门作战。这时，陈渠珍的姜、余两团分三路'追剿'贺英所带游击队。贺英的队伍游击在覃湾一带，在敌人的'围剿'下，她的胞妹满姑走散了，满姑被捕。贺龙同志出征前曾托四老表王友祥给贺英带信：'四老表，你跟大姐讲，我们这次可能过江，要她好好等着，一定有个天亮之日。'1928年8月6日贺满姑被杀害。同一天，刘子维勾结陈策勋等匪军数百人，连续两天三次'围剿'贺英。她在敌众我寡、随身警卫龚莲香战死、自己遍体鳞伤的情况下，仍然坚持战斗，同敌人喊话打仗。后因身负枪伤，经过三十

▷ 贺龙和妻子薛明

多天的艰苦跋涉，才转移到鹤峰堰垭一带游击。"

贺英保护了一批革命后代，保留了一批革命力量，她对革命的功劳是有史可鉴的。

贺龙回忆大姐贺英时说："我姐姐、妹妹的孩子，还有一些战友、旧部下的孩子，多年来都是她抚养的。当时，我也没得办法从经济上、物质上帮她，什么困难全都是她独自解决的。她很爱孩子，她自己一生没有孩子，不过，她是一个好母亲。"

➔ 雪中送炭

★★★★★

（42—44岁）

1928年，贺龙率领的红四军在泥沙兵败，国民党乘机加紧对红四军的"围剿"。

此时贺龙部队除了逃跑的、走散的、掉队的，仅剩下二百多人。在各路反动派以强

▷ 卢冬生

大兵势逼迫下，红四军只能向鄂西大山中撤去。

红军没有吃的，只好挖野菜充饥，用茅草结衣御寒，因为没有盐吃，好多人都得了夜盲病，大山中村寨少，晚上只能住在冰冷潮湿的山洞中，而且因为敌人不停在后面追赶，他们差不多每一天都要换一个地方，真是过着今天有窝，明天就不知窝在哪儿的日子。因为太苦了，几乎每天都有士兵逃跑。甚至有的军官受不了这罪，想杀掉贺龙去领赏。等贺龙带着这支疲惫之军到达堰垭时，队伍仅剩下了百余人，长短枪七十二支。

在这生死攸关的时刻，贺龙派出去找组织的卢冬生，几经周折，联系上了驻扎在王家河的贺英。

卢冬生到了王家河，见到了贺英，向贺英报告了贺龙和红四军被围困在大山中的情况。

贺英在最近的战斗中负了伤，身体尚未恢复好，但她得知工农革命军被困深山的消息后，她非常着急，她迅速召集兄弟姐妹们商量说："我们占了一块地盘，群众基础较好，工作开展得还顺利，可是主力部队几次受挫，现在被困在深山怎么办？"大家你言我语、七嘴八舌地讨论了一阵，一致表示要想办法支援主力部队。他们采取以往惯用的长途奔袭的战术，到40里外的沙道沟一带打了几家土豪，弄了不少银元、布匹、棉花、腊肉、粮食之类的东西，用骡马和人力运往堰垭大山。

正当贺龙在山中焦急等待卢冬生的消息时，贺英带着人马和物质来到了。

贺龙远远就看见大姐在马上飒爽英姿的身影，高兴地向同志们喊了一声："大姐来了！"

王炳南等人也几乎同时喊出："大姐来了！"他们欢呼着，奔跑着，向贺英的队伍迎上去。

贺英给他们送来了银元、布匹、子弹、食盐、粮食等，贺龙和官兵们看着这一切，激动得不知说什么好，这些物资，对于艰难受困的红四军来说，简直是雪中送炭，真是太需要、太及时了。

贺英见战士们一个个面黄肌瘦，忍不住鼻子发酸，可眼里的泪花儿却没落下，贺英可不是那种婆婆妈妈的女人，而是笑着说："常常，看你这条龙，如今成了猴王啦。"她一指战士们："看他们瘦成这个样子，个个像猴子啦，怎么打仗？"

贺龙笑道："大姐，你可别小看这群猴子兵，这些猴子兵都是猴儿精，若拉出去，能一变十、十变百、百变千、千变万，变成千千万万的猴子兵。"

贺龙又问："大姐，你怎么知道我在这里呀？"

贺英便把卢冬生送信的情况说了一遍。贺龙听了，不住地点头，暗赞卢冬生。

贺龙把部队失利的情况向大姐述说了一遍，贺英见红军受到这样严重的挫折，觉得自己单单送点东西，远远没有完成自己的责任。于是，她住了下来，同贺龙进行了长谈。

贺龙告诉大姐："自从洪家关红军组成以来，到现在已经十个月了，队伍经历了三起三落，连受了几次挫折。这一次竟败得如此之惨，队伍里来历不明和动机不纯的人太多，一打起仗来就靠不住，这些人就像抓在手里的一把豆子，手一松，一下子就散了。队伍究竟怎样搞，用过去的那一套肯定不行，用大革命时期的那一套也不行，用新的吧，我入党日子不长，经验太少，周逸群又走了，他要在就好了。如今，天寒地冻，缺衣少食，这还能克服，最难的事情，是与党失去了联系，心里没了底儿，卢冬生走了快半个月了，也不知他能不能与党组织接上头儿。"

贺英说："常常，过去人家跟你为的是升官发财，如今人家跟你流血卖命，为的啥呀？你总要有个东西把人家的心拴住才行啊！"

贺龙说："大姐，我跟上了共产党，为穷苦人流血卖命，才抛掉了荣华富贵，厚禄高官。"

贺英说："对呀，你要把这些道理告诉大家，你和周逸群都给我讲过，队伍里有了共产党和共青团就有了骨架儿，你现在这队伍里有多少骨架儿？"

贺龙叹了一口气，说："只能怪我入党晚，对共产党发展军队的一套办法还没弄熟。"

贺英说："不熟就慢慢摸索，总不会出大格吧。比如葫芦，还有个把。依我看，共产党和共青团就是葫芦把儿。你呀，抓住队伍里的葫芦把儿，队伍就准能发展起来。"并向贺龙建议："队伍要伍，不伍不行。"

贺龙说："大姐，我一定这么做。"

贺英走后，贺龙接受了她的建议，召开前委会议，根据几次遭受挫折的经验教训及贺英的建议，着手整顿部队，遣散了老弱和动机不纯的分子，发展了党、团员，依靠队伍中党团骨干，

△ 贺龙

加紧练兵，加强了基层领导骨干，严格了管理教育，进行了著名的堰垭整编。

经过整顿，红四军全军只剩 91 个人、72 支枪，但人员觉悟较高，立场坚定，并且形成了党的坚实领导，使红四军的政治素质有了巨大变化，面貌大为改观，从此以后便走上了胜利发展的道路。因此，这次整顿在红四军的建设和发展史上可以说是一个转折点。

贺龙多次说，1928 年那次石门失败转到鹤峰大山里的时候，若没有大姐贺英的支援，后果不堪设想!

贺龙在谈到这一段历史时说："石门垮后比较苦，我身上的衣服都换不下来……脑子也清醒了些，骄傲个人主义劲儿也减少了。我姐姐的话，对我帮助很大。我把廖卓然、陈协平、张一鸣等召集在一起找我姐姐谈，我姐姐说要好好整顿队伍。就整了三个月，共九个班，每个班都有党员。廖卓然当排长，王炳南当大队长。也有了团员。"

那以后，贺英还在四门岩宝宝洞为红四军收养了几十名伤员，并为伤员请医找药，积极护理。

原沈阳军区顾问吴子杰，当年就在贺英那里养过伤。四门岩车溪湖的刘光达回忆说："一次香大姐叫我背伤兵送去宝宝洞，我进洞一看，有几十个人。香大姐把大夫请来给伤兵做手术取子弹。"四门岩的王家村朱寿斋回忆说："香大姐在宝宝洞为伤员操心，我的女人姓谷，主动给大姐送点米吃。我说：'大姐，我们宁肯不吃都要给你送点粮食。'大姐说：'我不是偷懒的人，粮食种了好多，大米送给伤兵吃。'"

1929年1月，鹤峰县苏维埃政权建立后，贺英特别高兴。对贺龙说："这就好，人家养一群鸡还得有个鸡窠嘛，你带这么多兵没有个'窠'，老是东跑西颠怎么行？"

1930年春，红四军东下洪湖，贺英游击队驻守桑鹤边割耳台，负责湘鄂边苏区部分军事领导工作，还亲自安置红军的伤病员和家属。

贺英在贺龙所率领的红军最艰难的时期，给予了很大帮助和支持，对这支部队的继续发展壮大作出了突出的贡献。

→ 智斗假"红军"

★★★★★

（44 岁）

1930 年，在贺龙率领红四军东下洪湖后，湘鄂边各县的国民党军警、地方反动武装乘机向苏区进攻。中共鹤峰中心县委领导苏区人民进行了艰苦卓绝的斗争，保卫湘鄂边根据地。

9 月上旬，贺英率游击队协同作战，回防鹤峰城，击退来犯敌人朱疤子等部；10 月中旬，收复了五里坪；11 月下旬，收复了走马坪。五里坪、走马坪和燕子坪地区、乡苏维埃政权先后得到了恢复。

贺英率领队伍多次配合主力部队与地方

军阀和国民党反动派作战，抵制住反动分子的一次又一次疯狂反扑，为巩固当地的苏维埃政权作出了巨大努力。

一天，红二军团退到了鹤峰走马坪。走马坪也是鹤峰县内的一个大寨子，在此之前，贺龙曾带红军两次到过这里。红军严明的纪律，给村民们留下极好的印象。老百姓像待亲人一般招待红军。谁知，当贺龙这次带红军到寨子之后，寨子里的人大都跑光了。那些没来得及跑的人，也都躲进了屋内，关门闭户，像是躲瘟神一般。

贺龙听人报告了这些情况，甚为奇怪，便亲自来到走马坪街心。果然，家家户户都关门掩窗，他看了一会儿，回身对邓中夏说："中夏，这个地方的百姓，一向很拥护红军，怎么今日对红军这般态度？"

邓中夏说："其中定有原因。"

当下，贺龙和邓中夏商议了一番，决定不打扰百姓，遂传命令，部队暂住在寨外歇息。

部队在寨外坪坝上住下之后，贺龙便带着警卫班，来到了街心一家豆腐房。这家豆腐房也关着门。贺龙走上前，刚要敲门，忽然门开了，走出一个老人。贺龙一见此人，立时笑道："赵大爹，红军来了，你们怎么关门闭户呀？"

原来，这开豆腐房的姓赵，六十多岁了。贺龙两次到走马坪时，都在他这里喝过豆花儿。贺龙同赵老爹很谈得来。赵老爹一看见贺龙，又惊又喜，赶紧将贺龙让到了屋中，一边沏茶一边说："胡子，快别提了，前几天，这里也来了一支队伍，说是'共产军'，一个个穿得七长八短，有长袍，有马褂，有军衣，也有老百姓的土布衣，手里的枪也各式各样，有长枪，有短枪，有土枪，还有很多人带着大烟枪，更有不少赤手空拳跟着跑的。他们也打着红旗。起初老百姓听说红军来了，都挺高兴，欢迎他们进到寨子里，把好房让给他们，把好吃的端给他们，寨子里的几家土豪也吓跑了。谁曾想，这些人打的是红军旗号，干的可不是红军的事，他们进了寨子后，抓鸡摸狗，连偷带拿，拉夫派款，征料征草，闹了七八天才走。可把寨子里的老百姓折腾苦了。听说他们眼下到了奇峰关一带，人马两三千哩! 这不，大伙儿听说'红军'又来了，都给吓跑了。我那头驴要下驹，不敢离人，刚才从门缝儿看见是你，这才敢来开门。"

贺龙听了，怒骂道："哪儿来了这么一群野狗，敢败坏红军的名声! "

赵老爹说："是从川东过来的，都是一色的'川老鼠子'。"赵老爹又高兴地问道："胡子，你的队伍是不是都来了? "

贺龙笑道："乡亲们躲藏起来了，又不开门，我的队伍都驻扎在寨子外了。"

赵老爹一听，立即站起身说："住寨外？雨露风寒的，那哪儿成呀？我这就去吆喝大伙儿来开门。"

说罢，从墙上取下了一个卖油用的梆子，一边"梆梆"地敲着一边喊道："老少爷们儿，快出来吧，贺胡子的老牌子、正经的红军回来啦！"

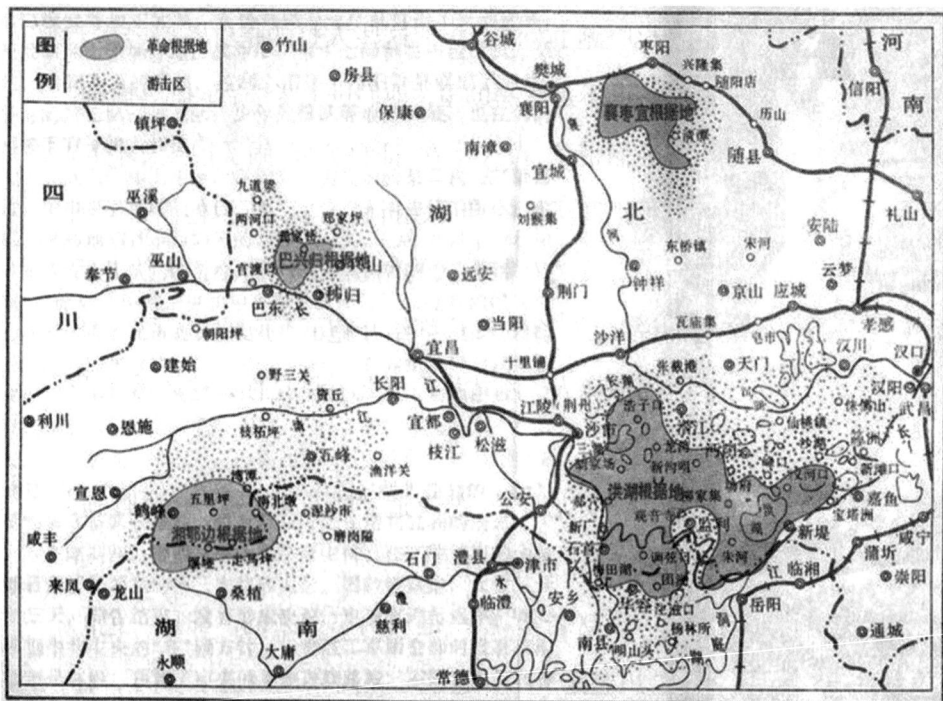

△ 红二军团成立时湘鄂西革命根据地形势图（1930年6月–7月）

赵老爹走街串巷地这么一吆喝，许多家的门都开了。那些跑到附近山林躲藏的人听到喊声，也都陆续地回来了。大家见到真是贺龙的人马到了，都很高兴，忙腾屋扫院，招待红军。

红二军团住下之后，贺龙便打算派人去了解那支"共产军"的实情。

正在这时，贺龙忽然接到大姐贺英送来的一封信，这才知道这支"共产军"的原委。

"共产军"里有三个首领，一个叫覃伯卿，一个叫甘占元，一个叫张轩。

覃伯卿是四川人，早年留学日本，回国后，向往革命。是四川第一批共产党员。早些年，在四川军阀杨森处做我党地下工作。组织兵变失败后，他回到家乡东忠县石宝寨，拉队伍，打出"平民革命军"的旗帜，同当地的反动势力进行武装斗争。后打出"共产军"旗帜。在四川军阀混战时，川东土著军阀甘占元、张轩有被消灭的危险。覃伯卿便以同乡之谊，将二人拉到一起，三支队伍合起来有三千多人，枪两千余支，继续打着"共产军"旗号。杨森得知情况后，便派兵"围剿"他们，正值冬天，杨森的兵马来势很猛，"共产军"抵敌不住，便退到川东的黔江。杨森的兵马继续追赶。时至冬日，大雪纷飞，"共产军"在山林中缺衣少食，处境十分困难，开小差的也越来越多。覃伯卿与甘、张两人商量，要把"共产军"拉到湘鄂边，投奔贺龙红军。甘、张迫于形势，只好点头同意。这样，他们到达了湖北宣恩县境沙道沟，住下之后，覃伯卿便打算派人与贺英取得联系。

覃、甘、张这支"共产军"一入鄂西，鹤峰县苏维埃政府上上下下的人员都慌了，他们不清楚这是支什么样的队伍，都觉得情况很严重。为了防止意外，各区乡地方工作人员也都采取了紧急措施，坚壁了物资，埋藏了文件。

这时，贺英到了县苏维埃机关，和六县（鹤峰、桑植、石门、慈利、宣恩、长阳）的中心县委书记汪毅夫、鹤峰县委书记郭天明等负责人一起研究、分析了"共产军"的情况。

贺英对县委的几位负责同志说："既然这支部队自称是'共产军'，还喊出杀富济贫、打土豪的口号，我们可以派人去了解清楚他们的底细。"

县委书记汪毅夫觉得贺英说得有理，便同意了贺英的意见。

最后确定对策：一面派人到湖南的石门地区报告贺龙，要求主力红军回师鹤峰，保卫苏区；一面派出代表，到沙道沟同敌人谈判。

党组织决定派贺英去当全权谈判代表。要她去有四条理由：一、她是贺龙的大姐，在社会上有崇高的威望；二、她驻的割耳台、太平镇一带离沙道沟最近；三、她和一些旧武装打交道有着丰富的斗争经验；四、她武功不凡，机警过人。

贺英二话未说，接受任务后回到太平镇，派人通知李占奎前来听令。

贺英便先派了她游击队中的副官、善于交际和应酬的魏振清和李占奎，去会这"共产军"，于是，二人便骑马来到了沙道沟。

覃伯卿一见是贺英派来的人，很是高兴，便说明"共产军"是来投奔贺龙红军，请贺英给搭个桥。之后，覃、甘、张三人又热情地招待了魏振清和李占奎一番。他们二人临走时，覃伯卿说："若能与贺英大姐相见，是我们'共产军'官兵之望。"

△ 红二方面军部分领导干部合影

魏振清和李占奎回到了鹤峰，便把覃、甘、张三人欲见她的话说了一遍。

贺英听了说："我明天就去。"

大家听说贺英要去会"共产军"的头领，都劝她不可冒险，免得上当受骗。贺英说："不是这样的。不入虎穴，焉知底细。"

第二天，贺英带着两名游击队员，骑马来到了沙道沟。

覃伯卿看见贺英来了，亲自出迎，像待贵客一样，摆茶敬烟，将贺英让到上房攀谈。

大家一阵客气后，覃伯卿便又重申了"共产军"意欲投贺龙做红军的打算。

贺英觉得覃伯卿言辞恳切，感情真挚，很有诚意，但甘、张却心怀叵测。

贺英听完覃伯卿的话，便对他们郑重说道："你们要投红军，共产党和苏维埃人民当然欢迎你们。但是，当红军首先要爱护百姓，要服从苏维埃政府的命令，听从红军的指挥和调遣。"

覃伯卿说："大姐讲得在理，我们一切都听红军的指挥，听苏维埃政府的指挥。"

贺英见覃伯卿很真诚，又同一些下层的干部见了面。随后，覃伯卿将部队集合起来，要贺英讲话，贺英就讲了一番苏维埃人民群众欢迎"共产军"到鹤峰苏区的话。

贺英回到鹤峰，把情况向县委书记郭天明做了汇报，并谈了自己的看法，说这支队伍倾向革命，经过教育改造，会成为革命的力量。

县委听了汇报，做出了决定，派人给这支队伍送去一批粮食、猪肉、蔬菜等物资。

覃伯卿见了，很是高兴，随后，覃、甘、张三头领便带着这支队伍，到了鹤峰境内，住到了走马坪一带。

这"共产军"中除了覃伯卿原来带领的人马纪律比较好外，那甘、张所带的队伍里多系土匪出身，哪里懂得什么群众纪律。住下之后，把村寨闹得是鸡飞狗跳，乌烟瘴气，把老百姓都吓跑了。

事情反映到鹤峰中心县委，县委便派了贺英去见覃伯卿、甘占元和张轩。贺英把"共产军"违反群众纪律的事一说，覃伯卿连连说道："大姐，我们这支部队，刚刚合到一起，都不懂得群众纪律，做了不少让老百姓不高兴的事。这样吧，我们把人马带到奇峰关一带，等着贺龙军长派人收编。编到贺龙军长队伍之内，这些士兵、官长的土匪恶习，就能改掉了。"

贺英又回来向县委做了汇报。县委同意之后，覃伯卿便带着这支队伍到了奇峰关。

就在这时，邓中夏、贺龙带领红二军团，来

到了走马坪。走马坪的老百姓听说红军又来了，以为还是先头的"共产军"，全都吓跑了。这时，贺英听说红二军团退到了走马坪，便派人骑快马送来信，向贺龙报告了"共产军"欲投红军的情况。

贺龙看完了来信，就将信交与邓中夏。

邓中夏看罢，沉吟不语，贺龙见状，问道："中夏，你的意见如何？"

邓中夏说："云卿，我们刚刚战败，部队疲惫至极，若有战事，必定吃亏。覃、甘、张所部3000多人，而这三人来投红军，不知是真心还是权宜之计，若是另有他谋呢？大姐信中只讲这支人马来投我们，其他的没有提及，若这三人反了水，他们3000号人马，我们可吃不消啊。"

贺龙说："覃伯卿这人我不熟，甘占元、张轩我知道。这两个人都是川东土著小军阀，曾依附过刘湘、王陵基、杨森等，朝秦暮楚，有奶便是娘。"

这时，红二军团的其他领导人柳直荀、孙德清诸将都走了进来，邓中夏把贺英的信给他们看了。大家都说此事宜慎重。

柳直荀说："不管这三人是否真心，如今他们既然来相投，我们总要以礼相待。可派人送信给覃、甘、张三人，要他们来此相商收编一事，我们也能从中察看他们是否真心。"

贺龙想想说："此事是我大姐接的头儿，我看还是要她代劳吧。"

邓中夏以贺龙的名义写了封信，派人送到贺英处。贺英接到信后，立即带上两名游击队员飞马奔向奇峰关。到了关前，有士兵拦挡，贺英说："速去通禀覃司令，就说贺英来访。"

覃伯卿三人也听说红二军团来到了鹤峰走马坪，正要派人去联系，忽听贺英来了，很是高兴。覃伯卿与甘、张三人亲自出关相迎，将贺英让到司令部内，分宾主落座。贺英便取出贺龙写给覃、

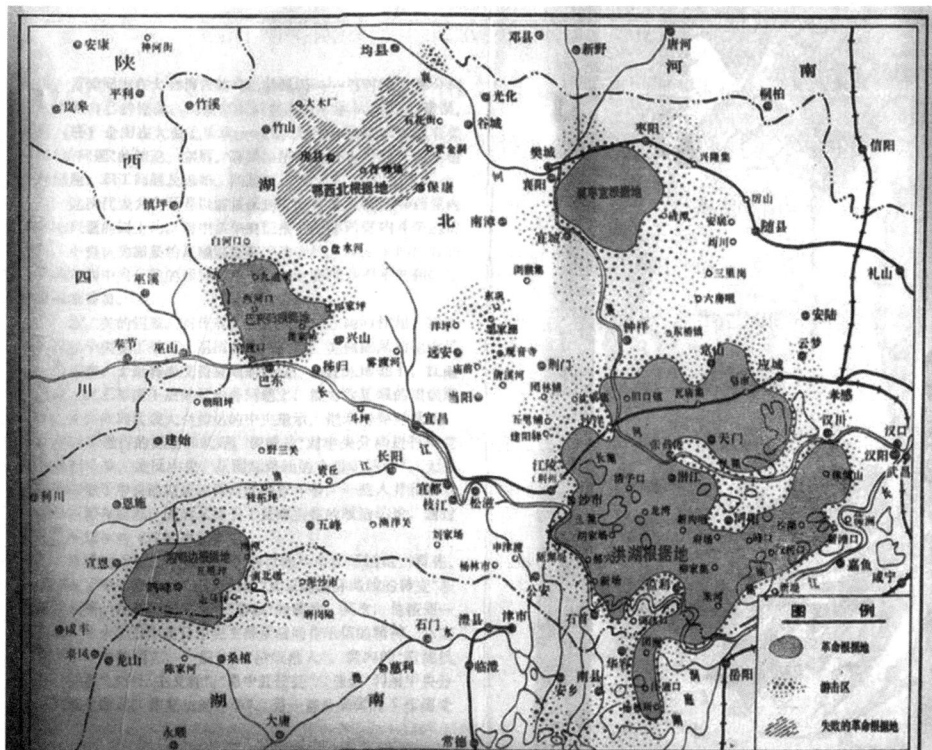

△ 湘鄂西革命根据地形势图（1932年春）

甘、张三人的信。

覃伯卿接过一看，信中写道：

覃、甘、张各位司令台鉴：

久闻雅名，曷胜佩感。欣悉贵军远道而来，光临敝区，特派员面谒，以慰风霜之苦，并表示欢迎之忱。贵军有何需求，希与贺英面商，自当鼎力相助，幸望各司令约束所部，勿致扰害庶民，为祷。临书不胜，企盼之至。敬叩。

覃伯卿看完贺龙的信，真是高兴异常。他把信交与甘占元，又对贺英说："大姐，我盼归贺龙红军，如大旱盼甘露。今日得知贺军长到了，真是喜从天降。请大姐转告贺军长，对贺军长的关怀，我们从心底感谢，对于贺军长为改编我军所提的条件，我们全部服从。"

贺英见覃伯卿如此诚恳态度，也很高兴，便说："覃司令的态度，我当转告贺龙。"

贺英接下来跟覃、甘、张明确红二军团收编的方法，覃、甘、张所部编为红二军团的第二路军，一切编制都照旧，三人仍然称司令。

贺英于是告别了覃伯卿，飞马来到走马坪。到了红二军团指挥部驻地，见到了贺龙。贺龙将邓中夏、柳直荀、孙德清、王一鸣、王鹤等红二、六军两军将领，一一向贺英做了介绍。大家都早已闻知贺英大名，今日相见，自然都很高兴。

邓中夏说："香大姐，我们有你这样一个革命的好大姐，真是高兴。"

贺英笑道："中夏同志，你过奖了，我若能给党做些事，也是共产党教给我的。"

接着，贺英把覃伯卿的言语、态度向贺龙和邓中夏说了一番。

贺龙问道："大姐，照你说来，覃伯卿投我们是一片诚心了？"

贺英说："覃伯卿的态度真诚无疑，只是甘、张二人看起来不是那么坚定，倒要多加提防。"

柳直荀说："我们下个请帖吧，把这三个请来，当面谈谈。"

柳直荀的意见，得到了大家的同意。

贺英回去后，积极为"共产军"的改编做准备。她把工作重点放在下级军官和士兵身上。贺英组织他们去看二军团宣传队演的"文明戏"，同他们聊天，启发他们的觉悟。每个连队还送了一头肥猪打"牙祭"。这样，下级军官和士兵心里热乎乎的，大家一致说："当红军真好，像到自己家里一样温暖。"

就在这时，红六军的侦察员抓到了一名探子，从这个人身上搜出了一封信。

贺龙、邓中夏一看这信，立时怒气冲天。

这是一封什么信呢？

原来，贺英走后，甘占元把张轩拉到自己屋中。

两杯热酒下肚，甘占元说："大哥，有一笔大财，不知你想不想发？"

张轩笑道："天底下哪有不愿发财的。"

甘占元又喝了口酒说："大哥，说起来也算是你我的福分。"

张轩不解地说："什么福分？"

甘占元说："蒋介石今出10万大洋买贺龙的脑袋，我们要把贺龙的脑袋取下来，送给蒋介石，不光能得10万大洋，还能弄个师长、旅长当当，不比我们在红军里强得多吗？"

张轩说："兄弟，我们俩投红军，那是逼得没办法。与覃大哥不一样，他是红脑壳出身。只是，我们如何能取下贺龙的首级呢？"

甘占元说："咱们俩鼓动覃大哥，约请贺龙赴宴，只要贺龙来了，我们就在席间动手，杀死贺龙。覃大哥要随我们干，他依然是大哥，他若不同意，连他也收拾了。"

张轩点头说："主意不错。"又说："如今红军已到走马坪，他们若知道我们杀了贺龙，能不举兵征讨我们吗？"

甘占元说："这我已想妥。如今红军新败，将士们都如惊弓之鸟，已不堪一击，我已派出了心腹，持信去见陈渠珍、李觉，约请他们，里应外合，两下夹攻，红军必败无疑。"

他们万没想到，这封写给陈渠珍、李觉的信，被红军截获。

甘占元这封信是以覃伯卿他们三人之名写的。

贺龙、邓中夏看了这样的信后，当然大动肝火。他们决定先不动声色，派人送请帖请他们赴宴，然后在席间把他们杀掉。

这天下午，甘占元、张轩二人正与覃伯卿商议要请贺龙赴宴一事，覃伯卿不知二人有计，自然同意。就在这时，手下人报告，说贺龙派人送请帖来，说着便把请帖送了上来。覃伯卿看了请

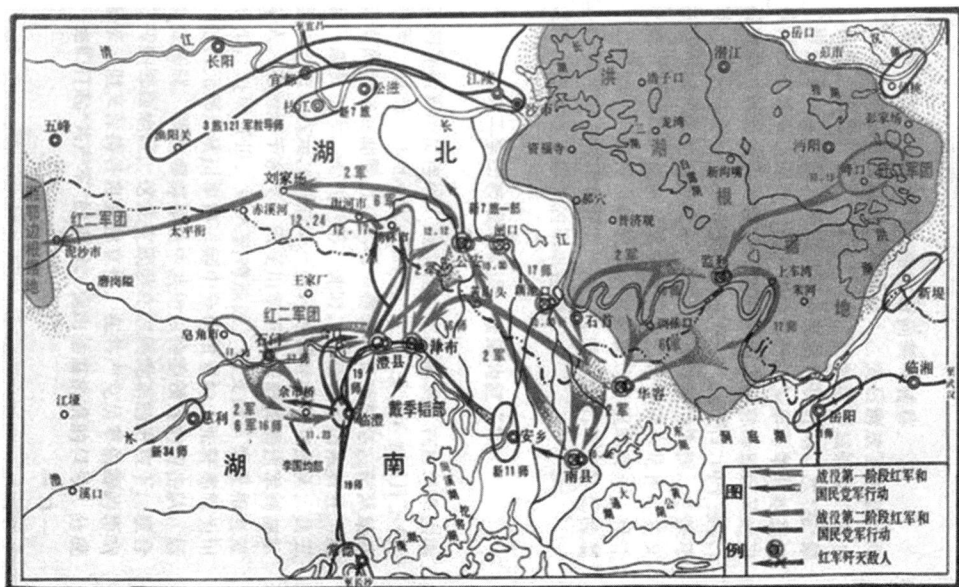

△ 红二军团南征战役经过要图（1930年10月–12月）

山中革命

帖，对甘、张二人说："没等我们请贺龙，贺龙先请我们了，咱们如期赴宴。"

贺龙的请帖来得突然，甘、张脑袋一时没转过弯来，听覃伯卿这么一说，也只好点头同意。

贺龙在席间把他们杀掉了。但覃伯卿却死得冤枉，后来党为他平反，肯定了他的革命功绩。

"共产军"在五里坪被缴械，除从中挑选千余人编入红军外，其余全部遣散。另有"共产军"团以上官佐三十余人，甘、张因在土匪队伍中残害百姓、罪行累累而被处死。红二军团缴获了各种枪支两千余支，这是红二军团在杨林市失败后的一次大补充。

贺英与"共产军"巧妙应对，为收编"共产军"出谋划策，保证了贺龙等顺利收编这支部队，发展壮大了红二军团的力量。

→ 深明大义

红二军团收编了"共产军"之后，就在鹤峰县走马坪一带休整。

一天早上，贺龙从司令部出来，准备四处走走看看，却发现门旁墙上贴着一张纸条，上面写道："贺炳南，草头王，明地是红军，暗地是团防。"

贺龙一愣，顺手撕下那张纸条，在手里揉搓着，顿时心里像压上一块石头，脸色变得铁青。贺炳南，洪家关人，是贺龙的族兄，比贺龙长几岁。贺炳南过去在旧军队里当小头目，身上积下了不少恶习。贺龙率主力红军东下洪湖后，他带领一个独立团留守，保卫湘鄂边苏区。贺炳南除了贺龙外，谁都不怕。在贺龙身边的时候还比较收敛些，贺龙一走，他经不住一些地方土豪恶霸的拉拢，开始吸鸦片，玩女人，敌我不分，与地方上一些团防头子打得火热。

地方党委和群众对他极不满意，但因他是贺龙的族兄，大摆老资格，动不动就训人打人，老百姓都敢怒不敢言。

贺龙回到鹤峰后，也曾听到一些风声，却没想到有这么严重。没有人到他这里反映情况。也许大家都在观望着，想看看贺龙在关键时候，是以党和利益为重，大义灭亲，还是心念同族兄弟，放过他一马。

人非草木，孰能无情。贺龙把自己关在司令部里，手里捏着那个纸团，在地上走来走去，内心焦虑不安。他想起多年来族内有多少人抛弃个人的小家，跟随他贺龙出生入死闹革命。他想到了为革命英勇献身的贺锦斋，还有宁死不屈的妹妹贺满姑……他忽然坚定地站在门口，命令门外的通讯员：“去把独立团的贺炳南找来！”

贺炳南驻守在离走马坪不远的一个山村里，他特别怕贺龙，贺龙回来后，他一直不敢去见面。现在，听说贺龙要他过去，他如坐针毡。他了解贺龙的脾气：若是听党的话，真心革命，他会待你亲如手足，关怀备至；若是与党有二心，做出不利于革命的事来，那他可决不手软。贺炳南为什么这么害怕？因为之前贺龙就下令处死了一个叫贺文志的红军叛徒，而贺文志的父亲就是贺龙的族叔。

俗话说：上梁不正下梁歪。贺炳南身边的几个心腹也跟着干了不少坏事，听说贺龙找他们的头儿，他们也害怕起来。贺炳南的几个心腹一商量，给他出了歪点子："事到如今，赶快给团防队长于明成写信，要是闹得下不了台，干脆投奔他的门下。"

于明成是长阳、五峰边界的一个团防头子，贺炳南以前和他有一定的交情。他考虑了一番，写了一封信叫人悄悄送去。但贺炳南心里还是惴

▷ 湖南张家界贺龙铜像

惴不安。他的一个平常颇有心计的心腹，向他建议道："去找香大姐求情，这也许是一个办法。"

贺炳南点点头，他知道贺龙从小到大都非常敬重大姐，大姐的话他能听得进去。

自从主力红军到鹤峰后，贺英从二军团首长那里听来不少从洪湖带来的新消息，还从政治部借来一些文件请人念给她听。

这天她正在认真听毛泽东的《中国社会各阶级的分析》，她听得特别入迷，每当负责读的人读得快了，她赶紧叫停，让重读一遍。重要的部分，她都是反复听，认真体会。

贺英正学得入神时，警卫员走进来向她报告："司令员，贺炳南要求见您。"

她让念文件的人停下，独自坐在那儿想了一会儿。贺炳南的所作所为，她早有所闻，曾多次开导他，可贺炳南表面上答应得好好的，过后依然我行我素。她本想把贺炳南的情况向二军团前委和贺龙好好汇报一下，只是见他们忙于整顿军队，这事就拖下来了。现在贺炳南自己找上门来了，一定是他自己感觉到不妙。但出于挽救他的想法，贺英决定还是和他好好谈谈。

贺炳南见贺英出来了，像见了救命菩萨一般，抢先几步迎上去，格外亲热地叫道："香大姐，我看你来了。"

"好呀，快请进屋吧。"贺英把贺炳南引到屋里坐下，叫人泡了杯茶放在他面前，贺英先跟他闲聊了几句家里的事情。见他一口牙齿黑黄黑黄的，就问道："我跟你说过多少次了，叫你把鸦片戒掉，现在戒掉了吗？"

"哎，我试着戒了，但真是难戒。我不吃饭可以，不吸鸦片，简真活不下去呀。"贺炳南回答道。

贺英接着问道："姓田的那个女人是有丈夫的，你把她弄来好久了，退回去了没有？"

"哦，不是我不让她回去，她现在死心踏地跟着我，不肯回去。在我这儿，总比跟着她那穷鬼丈夫好过。"贺炳南说着不由得脸红了。

贺英见他不但没认识到自身的错误，还强词多理，不由得变了脸色，向他发火道："你自己也不找个镜子照一照，看你像红军还是像白军！"

"哦，别生气，香大姐，"贺炳南吓得站起来，低声下气地说，"一笔写不出两个贺字，我还想请你到文常那里说说情去。"

贺英听见他说出这种话来，更生气了，说："莫说你是一个团长，就是一个普通红军战士也说不出这种话！你快走吧，我说不了这个情！"

"那香大姐，我就告辞了。"贺炳南也不敢看贺英一眼，带着几个心腹灰溜溜地走了。

贺英见贺炳南一出门，就吩咐一个女战士："赶快备马，我要去二军团前委！"她把学习文件收拾好，挎上双枪，系上子弹带，走出门去，一个纵身上马，扬了一下鞭子，迅速往二军团前委驻地奔去。

贺龙听通讯员回来报告说，贺炳南随后就到。可是等了一天也没见他人影，他等得有点着急了，脑中闪过一个念头："莫非他反水了？"他正想亲自走一趟，突然，听到外面响起了马蹄声，从窗口探出头一望，是大姐贺英来了。

贺龙赶紧迎出去，把贺英请到司令部，问道："看你跑得这么急，有什么要紧事吗？"

贺英取出块粗布手巾，一边抹着脸上的汗水，一边说道："常常，对独立团得赶快采取措施，防止贺炳南闹出大乱子！"

"我已通知贺炳南到司令部来，不知为什么他还没到，我正想亲自去问问他。"贺龙说道。

"他已到过我那里，要求我来说情。"贺英说。

"这么说来，你是给他说情来的喽！"贺龙笑着说。

"这么多年了，你还没摸透大姐的脾性？"贺英一笑，把散在鬓边的头发往上理了一理，继续说："有人叫我是'观音娘娘'，其实我该说情的才说情，不该说情的还要加把火哩！我看贺炳南是我们贺家的一个败类，红军的败类，不可救药，不及早采取措施，将来会闹得收不了场。"接着，她又详细地把她所掌握的关于贺炳南的一些通敌罪行都告诉了贺龙。

贺龙听后，非常气愤，他感到事态发展很严重，想亲自去找贺炳南，说："我看他长有几个脑袋！"

贺英深知弟弟是个火暴筒子，弄得不好，就会立刻把贺炳南杀掉。她抓住弟弟的胳膊，耐心嘱咐道："你亲自找他谈一下可以，但到底采取什么措施，一定要等前委开会研究决定，可不能凭你个人意气用事。他虽是洪家关人，是咱们同族兄弟，但他现在是共产党领导下的一个红军团长啊！"

　　"大姐，这你放心，我自从入党后，任何时候都没忘记自己是一个普通的共产党员。我带的军队是党的军队。我办事，只能按党的指示办。"

　　"那好，我那边也忙不开，我也得回队伍上去。"

　　贺龙把大姐送上马，看见大姐青丝中已现白发。毕竟快五十的人了，却还和年轻人一样，奔战杀场，出生入死，为革命日夜操劳。由于常年在山中游击作战，贺英的脸上过早地布满皱纹。

　　贺龙马上带上一个警卫班往贺炳南驻地走去。

　　贺炳南从贺英处回来，窝了一肚子火，他没想到贺英也和贺龙一样不念同族兄弟情分，眼睛里不容沙子，不仅不替他说情，还把他骂了一顿。

　　他手下的几个干将，围在他身边，给他出谋

划策。有的主张把队伍拉出去另打旗子，有的主张找贺龙作检讨，还有的主张投靠团防头子于明成。大家争论不休。贺炳南沉着脸，举棋不定。正在这时，有通讯兵跑进来报告："贺龙来了。"

贺炳南和几个心腹吓得面如土色，你看看我，我看看你，一时都没了主意。贺炳南没办法，只好硬着头皮去迎接。

广大干部、战士见贺龙来了，都亲热地围了上去。他们对贺炳南的所作所为，早就不满了。贺龙跟大家说了几句问候的话，就走向贺炳南。贺炳南非常害怕，他不敢面对贺龙严厉的质问的目光。贺龙让他汇报这一段的表现，贺炳南支支吾吾说着，贺龙越听越不是味道，把手一挥说："你先下去！"随后，贺龙找到一些比较忠诚可靠的官兵谈话，很快，贺龙掌握了贺炳南所有的犯罪证据。

贺龙回到司令部后，把贺炳南的全部情况向前委做了汇报，前委研究决定，撤销贺炳南的职务，把独立团全部改编。

贺英在关键时刻能够头脑清醒，站在正义的立场上，以党的利益为重，真是令人肃然起敬。她及时预见事态的发展，避免了红军遭受更大的损失。

贺炳南并没有以此为教训，不久后就公开叛变投敌。但在敌人那里也没有得到好下场，国民党当局出于争权夺利和假报战功的需要，仍将他当做"共匪头子"予以"清剿"，在走投无路的情况下，贺炳南服鸦片自杀，落得了可耻的下场。

→ 苦战四门岩

★★★★★ （44—47岁）

1930年，在贺龙、邓中夏率红二军团离开桑植、鹤峰，东下洪湖后，留下独立团王炳南守后方。有人建议贺英随贺龙到洪湖去，但贺英回答："你们莫看我快成老太婆了，我还不愿吃现成饭呢！"此后，她一直住在割耳台，和战士们一起，战时投入战斗，平时，开荒种地，喂猪养鸡。为了保证红军子弟读书，她开办了湘鄂边第一所游击队小学校。

贺龙带队伍走后，罗效之团防经常到苏区进行骚扰，再加上特委书记周小康坚持执行"左"倾冒险主义路线，屡战失利，最后特委机关不得不撤出鹤峰，去四门岩找贺英。贺英把特委机关的同志们接到四门岩。这个地方，山高林密，地旷人稀，易守难攻，敌人轻易不敢冒进。贺英继续在四门岩开荒种地，掩护特委机关。

割耳台的王炳南回忆说："香大姐在这里开荒种地，做了两届阳春，收的洋芋尺把长，粮食把仓都压垮了。"

恰在此时，桑植游击队队长贺佩卿，副队长王湘泉、贺炳南反了水。这三个人，带着反水分子，在"反共产党不反贺龙"的口号之下，到处杀人放火，要杀特委书记周小康。一时间，弄得桑鹤苏区乌烟瘴气，老百姓也分不清谁是共产党，谁是国民党了。

贺佩卿等人为何要反水？

原来，他们三人虽然加入了革命队伍，其实对共产党不感兴趣，他们参加红军，只是从家族观念和义气出发，怀着"入股当官"的思想而投身革命。到了革命队伍之后，他们旧军人的恶习始终不改，横行霸道，打骂士兵。在红军离开湘鄂边后，由于湘鄂边特委执行了王明的"左"倾错误政策，使得根据地日益缩小。贺佩卿等三人，一看前途渺茫，暗中合计一番，决定反水。随后，又勾结上了朱疤子、罗效之、陈渠珍等人，暗中达成了"互不相打，共同'剿共'"的协议。他们带人袭击了湘鄂边特委机关，把特委经济处处长谷有年打死，把特委其他人员赶得东逃西散，周小康见湘鄂边苏区实在站不住脚了，最后，便同王炳南带着独立团离开了湘鄂边苏区，辗转到了洪湖。

周小康、王炳南带着独立团一走，湘鄂边苏区完全被国民党军队占领了。朱疤子、罗效之见红军已被打散，又带兵消灭了贺佩卿、王湘泉、贺炳南的队伍，因为贺佩卿等人反共不反贺，而贺龙是共产党员，朱疤子、罗效之自然对他们不放心。

这时候，在湘鄂边苏区，仅剩下贺英率领的这支游击队。这支队伍人数虽然不多，但朱疤子、罗效之等团防却都闻之胆寒。

1931年秋，国民党反动派对苏区实行残酷围剿。主力部队远在洪湖，湘鄂边苏区常常遭到国民党正规部队和地方团防的摧残。

10月的一天，沙道沟的团防匪超然、张焕

△ 湖北四门岩

然带领一百多人包围割耳台，贺英即刻转移，隐蔽在石门河的硝洞里。敌人扑了空，转一圈就走了。

硝洞里阴冷潮湿，又不敢生火，大家就挤在一起互相取暖，可在洞里没有东西吃，小孩子饿得直哭，得派人出去打给养。可是洞外到处都是敌人，存在很大风险，贺英问谁愿意出去找吃的，没想到没有一个队员退缩害怕，大家争先恐后要去。最后由贺英点到张月圆和几个手脚灵便的青年人充当此任。出发前，贺英一再叮嘱他们要小心，遇上敌人要避开，不要与敌人交火。张月圆他们答应着离开了硝洞。没多一会儿，贺英在洞中听到了远处有枪声，她不由心里一惊：不好，出事了！贺英叫队员们做好转移的准备，这时，出去的几个队员跑了回来，告诉贺英赶紧转移，他们这次上了敌人的当，没料到敌人转一圈又杀了一个回马枪。

贺英没有看见张月圆，就问他们张月圆怎么没有一起回来，一个队员难过地说："张月圆为了掩护大家突围，被敌人抓走了。"贺英一听，心里非常难过，张月圆是她的贴身警卫，做事机敏，是贺英不可或缺的左膀右臂，两人相处得像母女一样。

张月圆被捕后，敌人严刑拷打，要她供出贺英他们的下落。张月圆吃尽苦头，始终守口如瓶，没供出一个字。她知道贺英、徐焕然、廖汉生、向连生、肖银之、向楚汉等人都隐蔽在洞里，敌人要是知道他们的下落，将会一网打尽。她宁愿牺牲自己的生命，也不出卖一个好同志。最后敌人无计可施，把她杀害了。

贺英带着这支队伍，转移到了四门岩。

四门岩，地处桑植、鹤峰两县交界处，周围是方圆数百里的山区，山高林密谷深，地势极为险要。当地百姓中有首歌谣道：

四门岩，万重山，云里行来雾里钻。

低头看溪深无底，举目望岭高参天。

说起四门岩，还有一段神话传说。

相传古时候这地方是块风水宝地，土肥水美，家家户户都猪羊满圈，五谷满仓，不知道怎么惹恼了老天爷，天降大雨十天，使这地方成了一片汪洋，房屋粮食都被水淹了，老百姓逃到山顶上，大雨却依然下个不停。人们只好望天膜拜，求神录相助，到第七天，一仙姑驾祥云来到人间，她举起右手，用四指轻轻戳地，倏忽间，地上便出了四个"天眼"，仙姑衣袖一拂，大水便哗哗地流入"天眼"之内。自此，这地方便称之为"四门岩"。直到今天，这四个天眼的遗迹尚在，叫做"前氽水洞，后氽水洞，上氽水洞，下氽水洞"。山上还有仙姑庙。每年四季，附近百姓都到庙内烧香祈求平安。贺英率游击队到四门岩后，方圆远近百姓知道了，都朝天祷告，说贺英就是当年的仙姑下凡，为百姓解危难来了。

贺英带队伍到四门岩山里之后，朱疤子、罗效之等哪里肯放过她，又集重兵围攻。

　　贺英便带着游击队，同朱、罗等部打游击战、兜圈子，几乎每天都要行军，每晚都要转移。以前朱、罗等人马是杀一阵，烧一阵便走，而这次"围剿"却用的是长期驻屯"清剿"的办法。占了一个地方之后，便修碉堡、挖壕沟，不分昼夜地搜山。这套办法，正和蒋介石"围剿"红军的办

△ 长征到达陕北的红二方面军一部，二排右三为贺龙、右二为任弼时。

法如出一辙。

朱疤子、罗效之这一招，可把贺英和游击队害苦了，村里不能住，只得经常在老林或野山洼宿营。有时情况允许，还能搭个简易窝棚，情况紧急时只得露天宿营。冬天大雪纷飞，冻得游击队员彻夜不能成眠。

一天晚上，由于天太冷，大家便拢了一堆火，孰料睡到半夜时，那火将窝棚烤着，火仗风势，越烧越烈，一时间，烧红了半边天。山下的朱、罗人马，见了火光，喜出望外，便摇旗呐喊地冲杀上来，子弹在队员们眼前乱飞，情况十分危急。在这千钧一发之时，贺英冒着浓烟烈火，闯进棚子里，抢出了一口小铁锅，顶在头上冲了出来，指挥着大家突围转移。

这口铁锅，从此成了几十名游击队员的命根子。当时，国民党"剿赤"军将四门岩各路口都封住，使得群众无法上山送粮，游击队员也无法下山。十天半月也难得找到一粒粮食。贺英便带着大家打野兽，挖野菜根儿，用这个小铁锅煮着吃。山上无处寻找食盐，队员们长期吃不上盐，一个个都四肢无力。

贺英见这样下去不行，便在一个风雪交加之夜，带着两名队员摸到了山根下的一户独居的朱老汉家。六十多岁的朱老汉一见贺英来了，就像见到了久别的亲人一般，欢喜得眉开眼笑，忙派儿子把附近的几家群众都唤来，大家流着眼泪向贺英哭诉"剿赤"军的暴行。贺英听了乡亲们的哭诉，咬着牙说:"乡亲们，日头不会总是当午的。"朱老汉向大家伙儿说了游击队在山上的难处。乡亲们听说队员们一个月吃不上盐了，便急忙回家，有的拿来腌咸菜，有的捧来盐。后半夜时，贺英和两名队员带着乡亲们的情谊，回到山上。

贺英的队伍之所以能长期活跃在桑植地区，同敌人作战，与老百姓的支持是分不开的。她的兵来自穷苦老百姓，在她陷入困境时，老百姓向她伸出援助之手，她的兵力并不多，但是她有着老百姓这强大的后盾，就有了敌人打不败的战斗力。

在这支游击队里，还有一些家属和小孩。他们都是红军将士的妻子和儿女，被敌人追得无处可走，便投到了贺英的身边。贺英把他们收留下来。这些女人中，有的有孕在身，行动起来，艰难万分。由于长期在山林中行动，大家的鞋子都磨破了，衣服都刮烂了，贺英就带着大家打草鞋，身上围着兽皮。

四门岩地势非常险恶，那梯子岭、千层壳、鸡公嘴等地，尤为险要。此外，还有四十八大岔、四十八小岔、三十三条沟、五十五道谷，黑夜行军，稍有不慎，便有掉进山涧的可能。为防"剿赤"军发觉，纵然路险，也不敢点火照亮，更怕小孩哭闹，那艰难困苦的情形，真是一言难尽。

贺英凭着她顽强的革命意志，怀着对党的事业的无限忠诚，一直坚持到红军打回来。

（47岁）

1933年初,"剿赤"军的"围剿"放松了许多,而贺英的警惕性并没放松。

这一天,贺英派廖汉生和刘列皇二人外出找粮食。二人走到茅坝附近,忽听过路人说村里来了军队,是什么军队也说不清楚。有说是川军的,有说是黔军的,还有说是贺龙的队伍。他们听了这些话,决心去探查个究竟。

他们到了村头,看见哨兵,穿着一身黑色服装,帽子上缀着个五角红星,廖汉生禁不住高兴地对刘列皇说:"是红军,红军回来了!"

确实是红军,而且是贺龙的部队。

四门岩的游击队员们一听说贺龙率人马

回来了，都兴奋地跳了起来。贺英立即带着廖汉生，骑着游击队里仅有的两匹马，下山到茅坝，去会见贺龙等。

这天，贺龙从红九师回到了司令部，刚到吊楼下，见楼前木桩下拴有几匹马，其中一匹白马，膘肥肉满，四蹄滚圆，毛色光亮，见到贺龙，那马前蹄腾空，引颈长嘶，似见旧主一般。

贺龙一见，顿时欢喜非常，这时，关向应下楼来，说："胡子，快上来，有客人来了。"

贺龙笑道；"哪里是什么客人，一定是我大姐来了。"

关向应惊讶地问道："胡子，你怎么知道是大姐来了？"

贺龙一指白马说："大姐骑的白马，当年是我的坐骑啊。"

贺龙说着，几步上楼，果然，贺英正在楼上喝茶，贺龙见到贺英，高兴地喊了一声："大姐！"

贺龙仔细打量着贺英，几年不见，由于岁月风霜，戎马生涯，大姐的眼角、额头已刻上道道皱纹。曾经的一头青丝，也开始染上了白霜。但双目依然闪烁着巾帼英雄的英武之气。

贺英指着身边的廖汉生对贺龙说："常常，你认识他吗？"

贺龙打量了年轻人一番，但见其相貌英俊，仪表不凡。

贺英笑道："常常，这是廖茂才之子汉生啊。"

贺龙高兴地说："哎呀，时光过得真是快呀，廖茂才的儿子也长这么大了。"

廖茂才是桑植人，长沙师范学堂毕业，少时便怀救国救民大志。在军中是贺龙最器重的将才，1922 年，随贺龙入川，不幸病死在川东。廖茂才与贺英的丈夫谷绩廷是八拜之交。谷绩廷年长，廖汉生便呼贺英为伯母，便出于乡俗，廖汉生一直呼贺英为大姨。贺龙、贺英对廖汉生爱护备至。送他读书，后因家变跟随贺英参加革命。

贺龙见廖汉生长得一表人才，十分高兴。当下又对贺英说道："大姐，我正要派人去通知你，

△ 廖汉生

想不到你这么快就来了。"

贺英向贺龙、关向应等讲了游击队转战四门岩的大概情况后，关向应感动地说："大姐，你们辛苦了。"

贺龙这才向贺英介绍了关向应。

贺英望着关向应笑道："向应同志，有什么要我们做的，只管吩咐吧。"

关向应说："大姐，敌人四下宣传，说湘鄂边苏区的武装都被消灭了，看来他们又鬼话连篇了。"说得大家都笑了。

正在这时，夏曦来了。他笑着对贺英说："大姐，人未见面，可早就听到大姐的英名了。"

贺英不认识夏曦，贺龙便介绍说："大姐，这是中央分局书记夏曦同志。"

贺英听罢，对夏曦说："夏书记，我们没有见过面，可夏书记的指令听了不少。"

这时候，段德昌、王炳南都走了进来，段德昌进门就说："大姐，你不认识我吧，我叫段德昌。"

贺英笑眯眯地打量着段德昌，说："人没见面，可你这'火龙将军'的大名，大姐早听说过了。"

段德昌笑道："大姐过奖了。"

贺英又对王炳南说："炳南，你家里人就在我身边，敌人抓不到她们，你就放心吧！"

王炳南说："大姐，让你费心了。"

贺英说："炳南，你说这话就见外了不是？弟妹很勇敢，有一回，我们转移时与敌人碰上了，弟妹干净利落地用梭镖把一个追她的敌人刺死了。"

夏曦笑道："炳南，你有个好内助啊，回头接来，见见面吧。"

夏曦走后，贺英含泪向贺龙说了谷大姐被杀害的经过。

谷大姐就是谷德桃，当年曾多次救过贺龙。但是在土改时受到坏人诬陷，说她同反动派有来往，夏曦没有了解实际情况，很草率地让湘鄂边特委书记周小康杀害了谷德桃。

贺龙听了贺英讲述谷大姐遇害的经过，拍案怒道："真是岂有此理，谷大姐怎么会是反革命？"

贺英见贺龙发怒，遂劝道："云卿，不要生气了，谷大姐、邓仁山两口子，老百姓不会忘记他们的，红军也不会忘记他们的。"

贺龙叹了口气，又想起什么似的问道："谷大姐的孩子们呢？"

贺英说："都在我那里呢。"

贺龙说："大姐，和他们谈谈，如果他们愿意，到我这里来吧，他们会成为红军的好后代。"

贺英点头说好。

当天下午,贺英告别众人,同廖汉生一起,回到了四门岩。

贺英回去之后,常常一个人陷入沉思。经过了这次相聚,使她明白了,现在革命变得更复杂了,革命的任务不仅仅要面对敌人,党内自身的问题处理不好也会直接关系到革命的成败呀!

→ 高风亮节

★ ★ ★ ★ ★

（47岁）

1933年3月,国民党反动派占领了鹤峰县城,贺龙、关向应率领红军退至离太平镇、四门岩不远的山区活动。贺龙、关向应担心大姐的安全,建议她随主力军一起活动,贺英没有同意,贺英当时任湘鄂边妇联主任,率领游击队一直坚持在太平镇、四门岩活动。

一天，贺龙和几个老表在山坡上劳动了一上午，弄得满身尘土，他从山上下来，往营部走，远远地见关向应站在司令部门口向外张望。门口拴着一匹大白马，贺龙一见，就猜到是谁来了。关向应向他喊道："胡子，快点，大姐来了。"

二人到了里屋，贺英正在喝茶。贺龙亲热地喊了一声："大姐！"

关向应看着贺龙，风趣地对贺英说："香大姐，你弟弟的身板子是特殊材料制成的，敌人的炮子儿见他十分害怕，都要绕着弯儿跑，你看，一点皮子都没擦破。"说着，屋里响起一片笑声。

47岁的贺英，由于长年生活在战争环境，身子虽然比较结实，但头发比前两年白了许多，脸上的皱纹纵横密布，又深又粗。但她那略微深陷的眼睛里放出的光芒，却总是给人力量和勇气。

贺英问贺龙："你通知我来这里有什么事，快说吧，我今天还要赶回去呢！"

贺龙听了感到奇怪，他虽然十分想念大姐，但并未通知她来司令部呀！

贺龙不解地望望关向应，关向应笑了，马上解释道："香大姐，是这样的，目前敌人'围剿'得比较紧，你们游击队力量薄弱，大家都很担心你的安全，建议你同主力红军一起活动。我把这事跟胡子说过，他老是不吭声，我就以他的名义写了个纸条，要你前来当面谈一下。"

贺英、贺龙姐弟互相望了一下，都很感动。

贺英说：“五年前周逸群也是这么关心我的！”周逸群虽然早已牺牲，但在苏区仍然能听到百姓对他的赞颂、红军战士怀念他的声音。

关向应问道：“他是怎么关心你的？”

贺英告诉关向应，1928 年春，国民党反动派对红军进行反围剿，红军被迫离开桑植，转战洪湖。周逸群为她的安全担心，要她同主力红军一起活动，可她游击队中有许多革命家属，老的老，小的小，行军不方便，她怕给主力军增加麻烦，依然坚持在县城周围一带的山里活动。

贺龙没做声，两眼望着大姐，期待着她的回答。

贺英沉思了一会儿，对关向应坚定地说：“党的关怀，我领情了。但我不能跟你们走。满姑牺牲后，留下四个小孩，最小的四娃还只有 8 岁，我给他做了一面小红旗，他成天举着玩，说是长大了要为妈妈报仇。这样老的老，小的小，加上行动不便的伤病员，我那里还有几百，要是把他们都带上，红军怎么打仗？要是不带他们，单是为了自己的安全，成天随着主力红军跑，我这安全又有什么价值？那些伤病员都是为革命出了大力的，那些小孩的父母都为革命献出了生命的，我没有权力抛弃他们不管啊！”

贺龙与关向应听着，什么也没说，他们二人已为大姐崇高的思想境界所折服。他们尊重大姐的意见，贺英依旧回去率领游击队坚持斗争。

临走时，关向应送她一本从洪湖突围时带来的《星星之火，可以燎原》的小册子，陪她走下木楼。

贺英骑上大白马，在女警卫员的陪同下，踏着山间小道，往云雾缭绕的山上奔去。

关向应久久地望着贺英远去的背影，情不自禁地赞

△ 关向应

叹："真不愧为当代女中豪杰！据我所知，我们中国目前有很多能干的女同志参加革命，但当游击队的司令员，指挥一个师的兵力作战，香大姐还是首屈一指！"

"你过奖了！"贺龙说，"她没读过书，过去出于对敌人的仇恨，对人民的热爱，凭着勇气为穷人打天下。这几年受了党的教育，她才变得能干起来。"

山中革命

贺英从不考虑自己的安危，她想的是整个革命大局，想着无数烈士的后代的未来，她认为她肩上肩负着还没有完成的重任。她高尚的情操令人敬服！

→ # 血洒青山

（47岁）

在鹤峰县内，有个团防头子，叫覃福斋，是哥老会中的龙头大爷，与杀害谷绩廷的陈黑是把兄弟，当初他也参与了杀害谷绩廷。贺龙杀死陈黑后，他发誓要为陈黑报仇。

一天，覃福斋的磕头兄弟许廷茂来找他，跟他说："大哥，我是来给你送财来了。"

没等覃福斋张嘴，他又接着说道："蒋介石不是出了十万大洋取贺龙之首，出五万大洋取谷绩廷的遗孀、贺龙的大姐贺寡妇之首吗? 现在机会来了。如今贺龙屡败，福斋兄何不趁此时入洞长塆，取那贺英之首，白花花的大洋，岂不唾手可得吗？"

覃福斋听了，点点头，说："对呀。可是说起来容易，那洞长塆是一夫当关，万夫莫开的险地，那贺寡妇又双手打枪，百发百中，如何能取？"

许廷茂就附在覃福斋耳边如此这般地耳语了一番，覃福斋听了许廷斋的一番话，不由得大喜过望。

原来，许廷茂有个侄子叫许煌生，在贺英那里当游击队员，在他下山买东西时，这个贪生怕死的家伙，在许廷茂的威逼下，竟答应给他们带路到贺英队伍的驻地洞长塆。

覃福斋把两撇小胡儿左右一捋说："好，若杀了贺寡妇，不光发财，还能为我们鹤峰士绅除去一心腹之患。"

1933 年 5 月 5 日深夜，覃福斋率领了三百多团丁，在叛徒许煌生的带领下，连夜包围了游击队的驻地洞长塆，钻进茂密的竹林里逐渐缩小包围圈。

在贺龙的队伍离开后，贺英就驻扎在地势险要的洞长塆，着手建立红军的后方基地。

在红军离开前，贺龙、夏曦、关向应考虑到她手下人少力单，恐遭不测，曾劝她随军行动，但贺英执意不从，她说地方上的工作很多，红军不能没有后方基地，她要他们不必对她的安全担心。

贺英把洞长塆一带的群众都发动起来了，建立医务所、修械所、缝纫所等，同时，继续抓紧开荒种地。经过贺英和队员们的努力，在太平镇一带，乡乡都建立了赤卫队，并规定了联络信号，各乡赤卫队员，有事为兵，无事为民，如果发生敌情，三声号炮一响，几个乡的赤卫队立即投入战斗。这么一来，就加大了地方革命武装的力量，使一些团防也轻易不敢骚扰。

红三军主力撤到宣恩、桑植边界，国民党军向新苏区大举进攻，贺英知道形势严重，便要求队员加强警惕，随时准备应付反动派反扑。

偏巧这时是农忙时节，一些队员到割耳台收割庄稼，还有一些人随主力去执行任务，洞长塆所留下的战斗人员只有十几个人。因主力撤退，一些红军家属，还有一些红军的伤病员，怕遭国民党军暗害，也都住在了这里。

这天晚上，贺英召集人在她家中开会，布置工作到深夜才睡。大家白天干了一天的活儿，晚上又开了半宿会，都很疲劳，因而只安排一名哨兵担任警戒，正是这一稍微的疏忽，竟酿成了不可挽回的大错。

这夜站岗的人叫唐友青，20 岁刚出头。他白天干了一天的活儿，晚上又开了会，上岗后，怕睡着了耽误事儿，他把一个干辣椒放在口中嚼着，防止睡着。到了后半夜，该换岗了，可能换哨的人也睡了过去，没来换他，唐友青实在挺不住了，就靠在一棵大树上，打起了盹儿。正在这时，他恍惚听到"沙沙沙"的脚步声，马上惊醒了，睡意全没了，厉声问道："口令！"

只听对面答道："友青，是我，我是煌生，去城里买东西，动身晚了，走到现在才到。"

听说是队友，唐友青放了心，把手里提着的枪放下来，说："是你呀，你快回去，叫马三利换我岗。"

许煌生这时已来到了唐友青的身边，说："怎么，今儿就你一人站岗？"

唐友青说："可不，香大姐想多放，可哪有人呢，一个岗还不好派呢。"

许煌生说："我这就去叫马三利。"说着掏出烟来，说："抽支烟吧，醒醒神儿。"说完，把烟递给唐友青。

唐友青接过烟后，许煌生忽然说："哎呀，我把洋火儿丢在道儿上啦。"

唐友青说："我有。"

说着，把枪放下，掏出了洋火儿，把嘴里叼着的烟点着。就在这一瞬间，许煌生从腰间取出个锤子，朝着唐友青的头狠狠砸去，唐友青哼也没哼一声，就倒在了地上。

许煌生捡起了唐友青身上的枪，向身后晃了晃，不一会儿，覃福斋带着人马便冲了过来。就在这时候，换岗的马三利来了，恰与覃福斋等人相遇，马三利很机警，他听到声响，忙隐身到了一棵树后，借着星光，一眼就看出了有敌人偷袭寨子，他立即鸣枪示警，覃福斋也抽出匣子炮给了马三利一枪，马三利应声而倒。这一枪，震得洞长塆山谷一起回响，也震醒了贺英和游击队员们。

贺英平素警惕性很高，每当睡觉之时，枕边儿总是放着手枪。当听到枪声，她一跃而起。凭多年的作战经验，她马上判断是敌人偷袭。这时，其他队员们也都醒了。

贺英刚到门外，便听到寨子里枪声大作，山下传来敌人的喊杀声。

贺英一面命令一个队员冲出去查看敌情，一面命令通讯员张和尚到各乡赤卫队去报信，前来增援。

可张和尚没出去几步远，对面一排子弹射来，便立时倒在了血泊中。贺英此时明白敌人已经封锁了山前道路，便命令身边的队员，用枪守住门口。这时候，双方的枪声越来越紧，贺英知道游击队员们都展开了战斗，她又返回屋中，看着屋里的红军家属和孩子们，对二妹贺戊妹说："你带领伤病员和家属先撤，我们掩护，快！"这时，家属和孩子们都慌了，哭喊着从后门跑了出去。贺英怕这些家属和孩子们跑不远，不敢后撤，继续持枪射击。

贺英镇定地拔出双枪从窗口向攻上来的敌人射出两串子弹，把敌人打得缩回了竹林里。她命令一班精强力壮的队员守住大门，掩护贺戊妹带领的伤病员和家属，使他们迅速从后门撤退。

　　贺戊妹手握短枪带领着这些伤残老弱的人们冲出后门隐蔽地向外突围，她为了掩护大家安全撤退，向敌人连续进行射击，打得敌人不敢前来，伤员和家属得以撤了下去。但她的腰部中了一弹，不幸负伤了，她顽强地紧捂住伤口继续战斗，子弹很快就用尽了。戊妹抽出大刀和扑上来的敌人展开了肉搏。在砍倒数名敌军后，终因寡不敌众，臀部被刺刀刺伤，接着肋下和小腹被数把刺刀攒刺，血流如注，昏迷在地。

　　这时，贺英正在前门紧握双枪，带领游击队员与敌人展开激烈的战斗，突然一颗子弹打在了她的大腿上，她"咕咚"一声倒在地上。这时候，游击队的副队长徐焕然顶着弹雨跑了过来，徐焕然解下腰带，在贺英的大腿根部扎紧，然后用白布包扎好她大腿的伤口，要背贺英突围，贺英推开他，说："焕然，别管我，抵住敌人，周围各乡赤卫队听到枪声，会很快赶来支援的。"说完，贺英又举枪射击。

　　一颗子弹擦伤贺英的肋下，射中徐焕然的肩膀，贺英一边让徐焕然先走，一边继续还击，徐焕然要贺英往下撤，贺英急切地说："这时刻我怎么能离开战斗岗位。我掩护，你们赶快突围！"她不顾伤痛继续坚持战斗。此时，枪弹声响成一片。

战斗在激烈地进行，队员们的伤亡在不断地增加，贺龙的两个外甥也都负了伤，贺英的伤口在剧烈地疼痛，血在不停地从伤口往外流，她咬紧牙关，鼓励战友："坚持就是胜利，天亮我们的人就会赶来的。"她顽强地同游击队员一道英勇地阻击敌人，使敌人不能前进。渐渐地东方透出了鱼肚白色，她知道附近的游击队、赤卫队听到枪声会赶来救援的。

廖汉生同其他几名队员，也守住了一间房子，与敌人对峙着。这房子同贺英住的房子隔一道沟。对这里的情形，覃福斋他们大体了解，许煌生早就说明了贺英住房的位置。所以，覃福斋率人冲过来，便令团防兵用火力把这间房子封锁住。这样，使得廖汉生等人几次想冲过来接应贺英，均因火力太猛，不能靠近，大家只得坚持抗击，以钳制进攻之敌的火力，策应贺英。

双方的战斗激烈地进行了两个多小时，东方已发白，那些红军家属和孩子们都已纷纷撤离，贺英对身边的徐焕然说："我们也撤退吧。"

正在这时，两颗子弹击中了贺英的腹部。贺英的下腹部被炸开了一个洞，肠子顿时流出来一尺多长。贺英明白自己的时间不多了。她镇定地托住流出来肠子，将其塞回腹中。然后一边叫人用一尺宽的白布把自己负伤的肚子紧紧缠起来，一边把8岁的外甥向轩叫过来，强忍着伤口的剧痛对他说道："孩子，莫哭，快去找红军，找大舅去，报……仇……”然后命令徐焕然等人撤退。

　　贺英见众人撤退，她长长舒了一口气，重新端起枪，继续和敌人战斗。这时，她腹部缠着的绷带已经完全被鲜血浸透，但她还是顽强地支撑着，她要多拖住敌人一会儿。突然，敌人射来的一颗子弹击中她的心脏。

　　这位巾帼英雄，望着东方天际已微露的晨曦，说道：“天生我四十七岁天未亮，再过四十七年

△ 贺英殉难处旧址

满天光。"说完，她永远地倒下去了，她把一切都献给了这里的人民。

后人有诗赞曰：

湘西女杰数贺英，挎马横枪为大同，

甘将热血洒青山，驱除阴霾见彩虹。

覃福斋终于带人冲进屋里，只见贺英凤眼圆睁，背靠墙壁坐在血泊中，手中仍然持着双枪。慑于贺英的威名，竟然没人敢上前查看。覃福斋命人对贺英的尸体又放了一排枪，见贺英全无反应，这才确定贺英的确断气了。

覃福斋下令将贺英的尸体和重伤昏迷的贺戊妹抬去县城领赏。走到村外一块水田里，突然听到身后洞长垮喊杀连天，原来徐焕然带着增援的赤卫队赶回来了。情急之下，覃福斋一刀砍下贺英的头颅提在手里，又割下贺戊妹的首级，然后命人将两女的四肢砍下，十来个团丁每人各扛一节尸块，加快速度，逃了回去。

徐焕然等人重夺洞长垮却不见了贺英姐妹的尸体，大家悲愤至极。第二天敌人发布告示，声称已经将"巨匪贺仙姑等人击毙正法"，贺英姐妹的头颅、被肢解的四肢和赤裸的躯干被悬挂在四门示众。

廖汉生、徐焕然将游击队员们集合起来，大家想要为贺英报仇，可是团防人多势众，敌不过他们，廖汉生和徐焕然两人一商议，便带着这支游击队到了鹤峰、宣恩边界，找到了红三军，廖汉生见到贺龙，话未出口，已经泪流满面。

贺龙得知大姐贺英、二姐贺戊妹英勇牺牲，惨遭分尸示众。他万分悲痛。夏曦、关向应、卢冬生等人听了此信，也都伤感不已。

关向应说："香大姐的牺牲，是我们湘鄂西苏区的重大损失，使我们失去了一位好大姐，使党失去了一位好干部，使游击队失去了一位好指导员！香大姐死得伟大，苏区人民不会忘记她的，党会记住她的。"他继续对悲痛的同志们说："我们要化悲痛为力量，在战场上英勇杀敌，为香大姐这样的好同志报仇！"

贺龙把泪水擦干之后，对廖汉生说："要记住这血海深仇，为了打倒反动派，苏区牺牲了多少同志，不光是我们一家，要擦干眼泪，战斗到底。"

随后，贺龙又对贺炳炎说："炳炎，我大姐遭敌偷袭牺牲了，你带支部队，带点儿钱，去收殓一下，总还会有点肉渣渣吧。"

贺炳炎含着泪说："军长，我知道了。"

三天后，在当地群众的帮助下，收拢了烈士的遗体，缝合起来入殓安葬。贺英的遗体安葬在洞柏垭。

安葬时，老天爷似乎也为这位女英雄的殉难而伤悲，那一天阴风凄凄，不一会儿竟下起雨来，附近自发来了很多百姓，许多人都默默落泪，部队官兵向他们敬爱的大姐致以最崇高的敬礼，人们流着泪把一束满含敬意和怀念的花束放到贺英的坟前。

向轩老人回忆说："我 1926 年出生在湖南桑植，母亲贺满姑，是贺英的妹妹，贺龙是我大舅。我还在娘胎里的时候，妈妈就带着我上山打游击。2 岁时，敌人抓住了妈妈，被绑在桩子上一刀刀割死……哥哥向楚才、妹妹金枝和我一同被关进了大牢。后被救出来。母亲被害之后，从此，我管贺英叫妈妈，很多人由此认为我是贺英妈妈的亲生儿子。我自小跟着她习武，三四岁就能打手枪了。"

提起贺英妈妈牺牲的那一幕，老人忍不住泪湿衣襟："临死前，贺英妈妈塞给我两支沾满鲜血的手枪和四块银元，要我快跑，去找大舅报仇。"

"趁着黑夜，我胡乱地往山上跑，子弹从身后飞来，右脚脖不知什么时候被打中了，我昏倒在山里。幸好遇到了来接应的廖汉生他们，我才得救。解放后，总政和成都军区商定，我的军龄就从那天算起。因为那天我拿起贺英妈妈给我的枪参加了战斗，并且负了伤。"

→ 英魂不灭

★★★★★

　　贺英牺牲后，贺龙问廖汉生和徐焕然："大姐牺牲了，你们怎么办？"

　　廖汉生、徐焕然坚定地回答："干，一定和敌人拼到底，为大姐他们报仇！"

　　贺龙望着他俩说："我看你们还是回去，招集过去的游击队员，搞枪搞子弹，就是要和敌人拼到底。"

　　廖汉生、徐焕然二话没说，当即按照贺龙的指示，返回太平镇，很快拉起了一支百余人的队伍，鹤峰县委将其编为鹤峰县第四游击大队，廖汉生和徐焕然分别为游击大队的正副队长，继续坚持斗争。

　　村里人听说之后，都焚香朝天礼拜。在湘西一带，流传着贺英是八仙星下凡之说。

其实，这传说反映了人民群众对贺英的怀念。

1952年，贺英被桑植县人民政府追认为革命烈士。

1962年，人民政府将贺英迁葬于鹤峰革命烈士陵园。鹤峰革命烈士陵园坐落在鹤峰县八峰山麓。这里是贺英当年闹革命的地方，陵园坐落在红色砂岩山岭上，山上到处可见美丽的映山红（即杜鹃花），风景秀丽，贺英长眠在鲜红的花丛中，长眠在这块她热爱的土地上。

◁ 鹤峰革命烈士陵园

后 记

让我们永远铭记的"香大姐"

她不是党员，却无怨无悔地做着党要求她做的一切；

她不是孩子们的母亲，却义不容辞地承担了一个母亲的责任；

她年纪不大，老老少少却都喊她"香大姐"。

她的事迹在那战火纷飞、英雄辈出的年代也许并不惊人，但正是有像她一样无数的忠诚于党、忠诚于人民的革命战士，才有力地推动了革命向着胜利一步步迈进。

让我们记住这样一位女性：

一位为了穷苦人翻身而抛家舍业的女人！

一位为了民族解放舍生取义的英雄！

她的生命没有流水长，但她的名字却如流水一样长久铭刻在人们心中。